Mensajero
del

Mensajero del amor

Eddie Ramón Cruz

Número de Control de la Biblioteca del Congreso de EE. UU.:		2013921291
ISBN:	Tapa Dura	978-1-4633-7376-4
	Tapa Blanda	978-1-4633-7375-7
	Libro Electrónico	978-1-4633-7377-1

Este libro fue impreso en los Estados Unidos de América.

Fecha de revisión: 20/11/2013

Para realizar pedidos de este libro, contacte con:
Palibrio LLC
1663 Liberty Drive
Suite 200
Bloomington, IN 47403
Gratis desde EE. UU. al 877.407.5847
Gratis desde México al 01.800.288.2243
Gratis desde España al 900.866.949
Desde otro país al +1.812.671.9757
Fax: 01.812.355.1576
ventas@palibrio.com
501551

Índice

Estimado lector,
mensajero del Amor, va dedicado a apreciar las cosas buenas de la vida, las cosas hermosas que inspiran vivir. Y es, precisamente, el amor, lo más sublime, en lo que todos debíamos tener especial interés. El mundo está vacío, respecto al amor. A menudo se confunden los placeres egoístas, con esta cualidad tan buscada por muchas personas hoy, que, desafortunadamente, dicen no hallar.

El amor y otras cualidades que dan sabor a la vida tal parece que han huido del planeta, solo unas cuantas personas las manifiestan en su diario vivir. Sin embargo está expresado ampliamente en las cosas naturales que nos rodean y en todo el universo. En varios poemas revela el amor profundo a la esposa, como en: "Eterno enamorado" "Y parece que fue ayer" "¿Cuándo dejare' de amarte" "Pensar en ti" "El día se ha puesto triste" "Mi perla elegida" "Con la cerca del amor".

Además, ensalza a la mujer por sus grandes virtudes y por lo maravillosa que es como compañera del hombre, como madre, ama de casa, obrera, como la flor que embellece el jardín, por su delicadeza femenina, por su ingenio, lo que la hace digna de cariño, respeto y el mejor trato. Por todo ello, "Mensajero del Amor," censura el falso concepto de muchos que confunden la actitud viril con el "Machismo" discriminando a la mujer de muchas maneras.

Anima, da esperanza, consuela, conforta, en medio de tanta angustia que nos rodean por todas partes. Ofrece un rayo de luz en medio de tanta oscuridad al dirigirnos a la fuente del amor y de la vida misma.

Considerando lo breve de la vida, Mensajero del
amor nos hace conscientes de las buenas relaciones
que debíamos tener todos los humanos, así como
de ocuparnos en cosas significativas, edificantes,
que beneficien a nuestro semejante, y no permitir
que el espíritu egoísta impida el hacer el bien a
cuantos podamos.
En "Usa tu lengua apropiadamente", nos enseña
tener cuidado de no ofender al prójimo con comentarios
negativos, recordándonos que todos fallamos y
por ello debíamos sanar, animar, con nuestras palabras
al darle el uso más apropiado a ese instrumento, que
aunque pequeño, como un fósforo, puede encender
un bosque.
Toca algo humorístico basándose en experiencias
de la vida. Deja ver lo dañino del espíritu de queja, la
actitud derrotista, y lo valioso del ser positivos, honrados
en lo relacionado con el trabajo.
En "Un padre habla a su hijo" recomienda a
los hijos ser pacientes con sus padres, y en especial,
cuando envejecen, una etapa en que necesitan de mu-
cha comprensión, empatía y mucho amor.

Este libro debe leerse mirando lo bueno que halla en
sus paginas que han sido escritas con la intención de
aportar un grano de arena al esparcimiento mediante
Una lectura amena.

Y parece que fue ayer.

A Oneida

Un buen día nos encontramos y me brindaste un café;
yo iba de paso aquel día, pero luego en ti pensé.

Volví de forma inocente a saludarte en tu casa,
y me miraste sonriendo como un haz de luz que pasa.

Fue un haz de luz tu mirada, pero fue lo suficiente
para prender del amor la llama que sigue ardiente.

Yo sentí necesidad, como del roció, el nardo,
o de la lluvia temprana, mirarme en tus ojos pardos

Tu risa fue melodía que agradaba a mis oídos,
y con tus gestos amables lograste verme rendido.

Tú supiste conquistarme con tu arte y tu bondad,
y esgrimiendo tu cariño mataste mi soledad.

Un día nos comprometimos para amarnos hasta siempre,
en las buenas y en las malas, y cuidarnos mutuamente

¡Han pasado tantos años! Y parece que fue ayer.
Yo soy el mismo rendido. ¿y tu? La misma mujer.

Eterno Enamorado.

¡Que bonitas son las flores!
¡Y que linda nuestra luna!
¡Que hermoso es el sol radiante!
¡Pero tú eres mi fortuna!

Las fragancias de las flores
me hacen respirar profundo,
pero amor, cuando te veo,
suspiro cada segundo.

Me gusta mirar el mar
con su vaivén de las olas,
pero tú me gustas más
cuando nos vemos a solas.

Me gusta el agua de coco
por lo fresca y deliciosa,
y tu inocente sonrisa
me gusta más por graciosa.

Me encanta el amanecer
porque despide la noche,
pero tú me gustas tanto
que no veo en ti reproche.

De la brisa y el arroyo
me deleita su murmullo
y tú me encantas amor
cuando tus labios arrullo.

Me es placentera la lluvia
cuando al suelo fertiliza,
y tus ojos son más bellos,
mucho más con tu sonrisa.

Me gusta como el rocío
trae la frescura con él
pero el sabor de tus labios
me gusta más que la miel

Quisiera viajar con tigo,
tenerte siempre a mi lado,
por el mundo en vacaciones
del eterno enamorado.

Cuando...dejaré de amarte.

Tendría que secarse el mar,
perder su aroma las flores,
el arco iris sus colores,
y el sol deje de alumbrar.
Se apague el bello brillar
de luceros refulgentes,
y de estrellas relucientes
que nos deleita su arte,
para yo dejar de amarte;
amarte profundamente.

Cuando no halla primavera,
invierno, otoño, verano,
no acariciaré tu mano
ni besaré tus ojeras.
Cuado baje la primera
estrella para halagarte,
o cuando tengas en Marte
un auto para viajar
voy a tratar de encontrar
excusas para no amarte.

Cuando la muerte no sea
en toda categoría,
que la noche se haga día
y que el murciélago vea.
Cuando no exista marea,
se congele la corriente,
o se borre de mi mente
tu recuerdo yo me iré,
entonces si dejaré
de amarte profundamente.

Cuando el trovador campestre
no sienta vibrar su lira
es que ya nada lo inspira,
murió la musa silvestre.
Cuando la ciencia demuestre
que el cosmos se supo crear
así mismo y echó a andar
con tanta estabilidad,
habrá posibilidad
para dejarte de amar.

Cuando el cosmos se detenga
en plena velocidad,
y la ley de gravedad
su autoridad no sostenga.
O cuando de Venus venga
una invasión militar
con la idea de gobernar
este suelo tan hermoso,
yo seré súper celoso
y te dejaré de amar.

Cuando se acabe el amor,
cuando la vida se acabe,
cuando no canten las aves
y nada tenga sabor.
cuando sea grato el dolor
y Dios no pueda escucharte.
Cuando se termine el arte,
la música y la poesía,
entonces yo pensaría
si debo dejar de amarte.

Tu mirada

Tu mirada es tan hermosa
como el sol cuando amanece,
como jardín que florece,
como la más bella rosa

Tu mirada cristalina
es lo profundo del cielo.
El mirarte es mi consuelo,
soñar contigo fascina.

Tu sonrisa me revive
cuando me agobia un pesar,
y me deleita mirar
tanta belleza que exhibes.

¡Tu cuerpo tan bien formado!
Me da gusto contemplarte.
¡Que escultor de fino arte
hizo algo tan refinado!

Cuando pienso en ti me alejo
de este mundo y su fatiga,
y todo lo que me hostiga
se aleja pero muy lejos.

En tu presencia yo siento
renacer la primavera
de juventud duradera
con el amor de cimiento.

El amor todo lo cubre,
los defectos, los errores;
para mis ojos son flores
que mi cariño descubre.

Si de una molestia cruel
se puede hacer una perla
en ti yo no quiero verla
o si, la cubro con miel.

Pero odio el pensar oscuro,
¿Soy fanático por esto?
me seducen tus afectos,
amo lo noble y lo puro,

Siempre quisiera mirarme
en tus ojos cual espejo,
donde nunca me vea viejo
y tu no dejes de amarme.

Pensar en ti

Pensar en ti, es como ver la aurora de un nuevo día
feliz, de sueños de amor, de grandeza y alegría.

Pensar en ti, es, olvidar las penas que da la vida.
Es refrigerio, ternura. Es amarte sin medida.

Pensar en ti, es ver el sol del amor resplandecer.
Es crecer ante el dolor, aunque no te pueda ver.

Pensar en ti, es ver la vida como jardín opulento,
y disfrutar su fragancia esparcida por el viento.

Pensar en ti, es estar viendo estrellas enamoradas
adornando el firmamento, celosas de tus miradas.

Pensar en ti, es ver la luna, novia vestida de plata,
y tu refrescante luz el triste recuerdo mata.

Pensar en ti, es la bonanza que después de la tormenta
nos trae la paz, la quietud, prosperidad que me alienta

Pensar en ti, es el amor, la pasión y la frescura,
es penetrar horizontes nuevos en dulce aventura.

Pensar en ti, es combustible que enciende la pura llama
del amor que no la apaga ni algún torrente que brama.

Pensar en ti, es tan hermoso. El día que te conocí.
Recuerdo que nunca olvido y conservo para ti.

Pensar en ti, es ver el mar de amor cubierto de rosas,
y este naufrago rendido entre tus olas reposa.

Pensar en ti, es ver el mundo de manera diferente;
en armonioso festejo, lleno de amor inocente.

Pensar en ti, es percibir a la dulce primavera
haciendo crecer los ríos con su lluvia temporera.

Pensar en ti, es la hermosura con que ella reviste el suelo
con flores multicolores que proporcionan desvelo.

Pensar en ti, es la sonrisa del cielo cuando nos mira;
es soñar verme en tus ojos en éxtasis de mi lira.

Pensar en ti, es escuchar tu voz, suave melodía,
eres la paz, el amor que necesito día a día.

Pensar en ti, es ver la vida que sonríe cada mañana;
es sentir la suave brisa en esas horas tempranas.

Con la cerca del amor.

De un bello jardín pujante
quise la flor más hermosa;
amé la más olorosa,
la más graciosa, radiante.
Y quise amarla constante
por su tierna suavidad.
Como su alta calidad
siempre sería codiciada,
desee que fuera cercada
por toda la eternidad.

Y le hice un cerco muy fuerte,
en todo su alrededor,
con la cerca del amor
que es más fuerte que la muerte.
A mi corazón divierte
feliz porque es productiva.
Y jamás, nunca en la vida,
he puesto alguna objeción
para no dar la atención
a una flor tan consentida.

Han pasado muchos años
y conserva su frescura,
su fragancia, su ternura,
porque la amo sin tamaño.
No hay un espíritu huraño
que le pudiera irritar
su semblante y apagar
lo que la caracteriza:
el gozo y paz que la brisa
no deja de acariciar.

Mi perla elegida.

A Oneida

Los pescadores de perlas finas
en los mares profundos se sumergen,
y con muchas, cansados, emergen
para hallar de entre mil, una genuina.

Yo buceé también en lo profundo.
y en el fondo rebuscando pude hallar
una perla tan preciosa que su mar
me la quiso arrebatar en el segundo.

Tú eres mi perla elegida, mi soñar.
Eres la gema que me adorna el corazón.
La blancura de tu piel tan cristalina

como el sol me sustenta al despertar.
Tu valor excelso no admite estimación,
y privilegias el suelo en que caminas.

El día se ha puesto triste.

El día se ha se ha puesto triste, porque te extraño, amor.
Tu ausencia no me deja ni mirar una flor.

Las nubes lo han cubierto y el cielo esta llorando,
con lágrimas perladas, la tierra está regando.

Todo está en calma, se ha ausentado la brisa,
solo mi corazón añora tu sonrisa.

Sin tu amor no vivo, mi sol se apagaría,
si veo el día muy triste, sin ti me enlutaría.

¿Que seria sin ti, amor? ¡Un río seco, sin vida!
¡Pozo sin agua! ¡triste nave perdida!

¡Cielo sin estrellas! ¡Lámpara apagada!
¡Cuerpo sin aliento! ¡Vida sepultada!

Para ti cortaré las mejores rosas.
jazmines, azucenas, las más olorosas.

Y el día que está muy triste, volverá a brillar,
al ver que, tiernamente, te vuelva a besar.

El choque de tu mirada.

Yo pensé que era feliz
del todo y me equivoqué
porque el día que te encontré
algo nuevo descubrí.
En tu presencia sentí
el encanto de la vida.
Y mí mirada perdida
en tus ojos comprobó
que eres quien mi alma soñó
para amarte sin medida.

Tu sonrisa, tu mirada,
y tu hermosa cabellera,
te hacen lucir cual palmera,
esbelta, bella y amada.
Eres la rosa plantada
en el jardín de mi cuna.
O como la dulce luna
en mis noches de desvelo,
y se enorgullece el cielo
de tu luz como ninguna.

Eres mi cielo estrellado
que haces de la noche, día
y tu amor es mi energía
cuando estoy desanimado.
Tú, mi cielo iluminado
tan cristalino y profundo,
eres única en el mundo
que llena mi corazón
y fuente de inspiración
de mi amor cada segundo.

En un concurso de rosas,
si fueras a competir,
¿quien se atrevería decir
que no eres la mas hermosa?
Y para ser más dichosa
hoy el cielo te ilumina
la senda donde caminas,
colocando los cimientos
del puro conocimiento
por la dirección divina.

Sentía que algo me faltaba
para que fuera feliz
completo, cuando sentí
el choque de tu mirada.
Mi alma quedó fascinada
con la posibilidad
de lograr que tu amistad
jamás se pudiera ir
y se fuera a convertir
en mi gran felicidad.

Tu amistad ha perdurado,
y esta creciendo tu amor
como la exótica flor
en un terreno abonado.
Estoy muy enamorado,
eso tú y yo lo sabemos.
Pero felices seremos
por siempre cuando seas mía,
el maravilloso día
en que tu y yo nos casemos.

Mi preciosa primavera

Como tomeguín celoso
a ti yo quisiera ir
y en silencio descubrir
qué ha dañado mi reposo.
Tú partiste, se fue el gozo.
y mi sueño se ha hecho inerte.
Desde que dejé de verte
mi sol de amor se apagó
y la noche me cubrió
como esperando la muerte.

¿Me han robado? no lo sé,
pero no te veo aquí,
y el espíritu feliz
de mi corazón se fue
¿Por qué no estás? Si ¿Por qué?
si tú eras mi primavera.
Tu me diste verdadera
inspiración con tu amor
no creyendo que mi flor
predilecta un día perdiera.

En tu mirar cristalino
yo podía ver mi futuro,
y hasta me sentía seguro
de mi brillante destino.
Tú eras en mi camino
antorcha de mi alegría
y acariciaba aquel día
en que conocí tu amor
sin pensar que este dolor
un día me sorprendería.

Como el tomeguín aquél
en silencio te hallaré
y en tus labios beberé
de tu fina y dulce miel.
Yo seguiré siendo fiel,
a tu amor la vida entera.
Pero sueño que pudiera
sonreír y celebrar,
si te viera regresar
mi preciosa primavera.

A oneida.

La modestia y sencillez
son cosas insuperables
en corazones amables,
donde no existe altivez.
En ti, desde tu niñez,
la modestia floreció
y la sencillez nació,
cual flor de tierna fragancia,
contigo dando elegancia
a la mujer que formó.

La hospitalidad en ti
siempre te identificó
y tu humildad descubrió
lo impaciente que yo fui.
Tu altruismo conocí,
y tu espíritu abnegado
cuando serviste a mi lado
como hacen los misioneros
en territorios austeros
como el pueblo de Jobabo.

Tu paciencia floreciente
te ha hecho fuerte en la batalla,
cosa que si falta falla
el guerrero más valiente.
Tú reflejas en tu frente
tanto bondad como amor.
Y el esplendente candor
que reviste tu persona
luce como la corona
conquistada con honor.

Eres mansa cual paloma,
a quien amo con ternura
y me embriaga la dulzura
de tu exquisisima aroma.
Está en cada cromosoma
el amor y la lealtad,
con la gran benignidad
que como perlas preciosas
adornan todas tus cosas
y tu personalidad.

Trabajadora tú eres
como aquella descripción
que hizo el sabio Salomón
de las brillantes mujeres.
Al cumplir con tus deberes
lo haces con celo ejemplar.
En tu constante luchar
desde que te conocí,
tu ingenio me hace feliz
y te tengo que alabar.

Estás haciendo una historia
con sus páginas doradas
donde quedan subrayadas
tantas acciones notorias.
Y quedan en la memoria
de quien sabe pagar bien,
razón, para sin desdén
continuar sin desmayar
queriendo participar
en la recreación de Edén.

Con tu espíritu industrioso
y tu bella nitidez,
tu castidad y honradez,
hacen el hogar hermoso.
Me hacen sentir orgulloso
tus diferentes virtudes.
Y esas tantas actitudes
constituyen mil adornos
hermoseando tus entornos
en todas tus latitudes.

Como madre no hay mejor,
tan benigna y consecuente
que en tu corazón y mente
tienes un nido de amor.
Allí sientes el calor
de nuestros hijos que ansias.
Sientes dolor y alegría,
según los vea tu pensar
del otro lado del mar
donde quedaron un día.

Se que sufres pero un día
ya no habrá por que sufrir
y nada te hará sentir
ninguna melancolía.
Tendremos plena alegría
en el ceno familiar,
y te veremos actuar
optimista en cada cosa
como bellísima rosa
que no se ha de marchitar.

Conquista con lo que tienes

Cuando por amor despiertas,
para ir de cacería,
viene emoción, alegría,
y hace que te diviertas.
Y comienza abrir las puertas,
donde una será sorpresa,
porque allí estará la presa
esperando al cazador
con la trampa del amor:
cariño y delicadeza.

Cariño y delicadeza,
usados con eficiencia,
han sido por excelencia
el poder en esta empresa.
El ofrecer con pureza
una flor a quien admiras,
puede hacer vibrar la lira
de amor en su corazón
y encender una pasión
que dure toda la vida.

Si a alguien tienes en mira,
ve que sea amor de verdad.
Ama con profundidad
y detesta la mentira.
En la pureza se inspira
el amor que es duradero.
Se amable, humilde y sincero.
conquista con lo que tienes
y no inventes tener bienes
materiales o dinero.

Los que mienten a la larga
siempre se ven descubiertos
y se quedan casi muertos
si el bochorno los embarga.
El mentir es una carga
que aumenta constantemente.
Cuando voluntariamente
queremos justificar
un error hay que inventar
otra mentira corriente.

No olvides que para hallar
el amor no hay que mentir,
pero sí debes abrir
tu corazón para amar.
No trates de impresionar
con tu personalidad,
porque la felicidad
se acomoda en lo sencillo
y no acopla con el brillo
que ostenta la falsedad.

Cuando pierdas el amor.

Cuando pierdas el amor
comenzarás a morir
y sentirás que vivir
es un constante dolor.
Sin amor no habrá calor
que a tu espíritu reanime.
Y aquella chispa sublime
de luz, de paz y alegría
se torna en la noche fría
y oscura que solo gime.

Si se va el amor con él
se marchan las ilusiones,
no te alegran las canciones
y sabe amarga la miel.
Te llega en lugar de aquel
dinamismo y brazo fuerte,
un espíritu de muerte,
de tristeza, que al llegar
solo te hará desmayar
que no desearas ni verte.

¿Que somos sin el amor?
¿sin amar, ni ser amados?
¡barcos abandonados
en el océano peor!.
Náufragos que sin valor
se rinden a la tormenta.
Porque nada los alienta
se resignan a morir
pensando que su vivir
tristemente es una afrenta.

El amor hay que cuidar
como a un hermoso jardín
y florecerá sin fin
si lo sabes cultivar.
Agua fresca has de regar
en tu plantío diariamente,
con todos los ingredientes
como ternura, cariño,
gran atención con su aliño
que debes tener presente.

Señora.

Señora, ¿de donde vienes, con ese traje de gloria?
háblame de tus riquezas, y tu bellísima historia.

Tú tienes aire de triunfo de una gran conquistadora
porque tu belleza irradia como la más bella aurora.

Eres tan dulce y hermosa que mirarte es un placer
y tus dos ojos hechizan con tu magia de mujer.

Están llenos de pasión de amor, cariño y de vida,
derramando ansias de amar con una llama prendida.

Son dos grandes azabaches con fuego y luz celestial,
y tus labios adornados con finísimo coral.

Destilará miel tu boca para el hombre que se empeñe
en conquistarte y amarte y de tu cuerpo se adueñe.

Tienes mucho a tu favor, con tantas cosas hermosas,
tu arte tierno de mujer y cabellera preciosa.

Cuando andes entre jardines, quizás provoques a celo
a tantas flores bonitas que embellecen nuestro suelo.

Y de noche bajo el cielo, nuestra luna y las estrella
te envidiarán desde arriba porque brillas como ellas.

Será dichos aquel hombre que te lleve de su brazo
para amarte tiernamente hasta que llegue su ocaso.

Luego será como aquel jardinero diligente
que cuida de su jardín desplegando un celo ardiente.

Te dará mucha ternura, cariño, amor sin sosiego,
para sembrarte profundo en su corazón de fuego.

Y allí te consumirás en el fuego de su amor
donde la pasión profunda te hará morir sin dolor.

Aquella niña bonita.

La conocí un día lluvioso. Era un día de primavera
y me refugió en su casa mientras la lluvia cayera.

Ella era muy alegre, hospitalaria y bonita.
tierna como la azucena con su fragancia exquisita.

Era buena. Era feliz, como luz de la mañana.
Sus ojitos me miraron con una mirada ufana

Aquella mirada fue como flecha al corazón.
Yo la miré y me sonrió. Timidez, nervio, emoción.

¡Oh que mezcla de emociones! ahogué en mi pecho un clamor.
Se prendió tanto de mí que fue mi primer amor.

Era muy dulce su amar aunque era de tierna edad.
Yo andaba sobre las rosas vestido de vanidad.

Me sentía muy triunfador al disfrutar su cariño,
tenía muy poca experiencia; en el amor, era un niño.

De piel blanca y olorosa vestían sus bellas manzanas
y era su boca la rosa que alegraba mis mañanas.

Pero pasó el tiempo y trajo como ocurre muchas veces;
sorpresas grises y oscuras, dolor, angustias, reveces.

Pero ella no fue culpable de lo que nos sucedió;
fue la vida, el tiempo, no se, pero se nos separó.

Se oscureció aquella aurora y en el camino de rosas
crecieron nardos malignos y las zarzas perniciosas.

Luego vino el monstruo cruel, implacable y asesino,
arrancando la azucena, ¡bebiéndola como un vino!

Cuando apareció la muerte desenvainando su espada
para arrancarle la vida a una flor tan delicada.

Aquella niña bonita se apagó como una vela.
¡Que triste, perdió la vida aquella humilde mozuela!

Aquella del día lluvioso, que me refugió aquel día,
en su casa amablemente, mientras la lluvia caía.

Aquella que me miró en esplendor de su vida,
¡un día triste se marchó, profundamente dormida!

Princesita.

El amor luego es extraño.Heros se comporta, a veces,
enigmático, no sé, muy extraño y majadero.
Levantando mil barreras me hace amar lo que no quiero.
y te facilita mucho amar lo que no merece.

Con amor tierno y profundo tu amado luchó por ti;
sufrió, rogó por tu amor, pero tú lo despreciabas.
Cuantos sueños, ilusiones, en tu corazón guardabas,
rechazándolo y queriendo a su lado ser feliz.

Cansado se fue muy lejos, aunque perdiera su gloria.
Queriendo olvidar tu amor, como el tomeguín herido
voló a las tierras norteñas donde formaría su nido
quizás con otra pareja, como el ave migratoria.

Luego soñaste diciendo: si cual gaviota pudiera
volar con alas veloces y remontarme a los cielos,
con la visión del águila, de allí trazaría mi vuelo
para encontrar a mí amado en cualquier parte que fuera.

Así fue, te decidiste y de tu tierra volaste
con espíritu de hallarlo, cual gaviota aventurera,
pensando que una sorpresa puede aguardarle a cualquiera.
y no fallaste gaviota ¡que sorpresa te llevaste!

Él supo de tu llegada y sintió gran emoción
y te buscó con anhelo porque no podía olvidarte.
Ansioso pensó enseguida algún obsequio llevarte,
seleccionando las rosas que abrieron tu corazón.

Ahora clamas por tu beibi: ¡OH distancia monstruo cruel!
tú me atormentas, ¿Por qué? ¿Te place verme sufrir?
Humildemente pregunto: ¿Por qué no me dejas ir?
¡para darle mi calor como la abeja a su miel!

Golondrino Solitario.

Hace tiempo que no siento tu mirada.
Mucho tiempo que no se de tu sonrisa.
Tu suspiro de mujer enamorada
se ha marchado como el tamo con la brisa.

Ya no siento tu perfume halagador.
y tus cálidas sonrisas que me dabas,
me han dejado sin aliento por tu amor,
amor intenso que a mi alma sustentaba.

He perdido tu cariño lentamente
y me siento cual marino en lo profundo,
muy oscuro a merced de la corriente.
En el mar de tus recuerdos yo me hundo.

Golondrino solitario. Casi muero,
por la pena de no verte, mí paloma,
y en tu nido abandonado un hormiguero
allí espanta toda ave que se asoma

Sol de tantas ilusiones ya no alumbras.
Tú me niegas el calor de tus miradas;
voy tropezando al andar entre penumbras,
como nave sin timón abandonada.

Sin embargo, tu recuerdo me esclaviza
aunque estés al otro lado de este globo,
y aunque quiero tu recuerdo en la ceniza
me desgarra la añoranza como un lobo.

Aunque me marche muy lejos

Aunque me marche muy lejos, tu cariño ira conmigo.
Para olvidarte quisiera el otro extremo del mundo,
y cuando pasen los años sin verte una vez, ¡Que triste!
Pero es más triste mirarte solamente como amigo.

Es triste el amar profundo y no poder ser amado,
como Quetzal en la jaula, muriendo por estar preso,
mi alma va marchitando por carecer de tus besos,
y tu tendrás otro amor, quizás el amor soñado.

Yo le pediré a la brisa que me traiga tu perfume,
tu sonrisa, tus canciones, y con tus bellos recuerdos
renacerá aquel amor, y ¿tú pensaras en mi?.
No, ya no te acordaras, ni te importa que me abrume.

Si la distancia es olvido, la usaré para olvidarte.
Me costará mucha pena, lágrimas para borrar
del corazón tu cariño, ¡tu amor sembrado tan hondo!
Con la fuerza de mi mente lucharé para borrarte.

Adiós nidito de amor, me iré muy lejos de ti.
Adiós, cariño, mi flor, flor de tierna juventud.
¡Que se realicen tus sueños y te sientas bienvenida,
cuando tengas el amor, aquel que te haga feliz!

¡Adiós!, quisiera decirte. Un adiós sin recordarte,
y tu amor fuera cual nieve que con el sol se deshace.
Mi cariño quedará prendido dentro de ti,
tus besos se van conmigo. ¡Adiós, si puedo olvidarte!

Quisiera odiarte y no puedo.

¡Que bueno no haberte visto, nunca haberte conocido!
hubiera evitado tanto, tanto el dolor que he sufrido.

Y tu amor fue amor del bueno, aunque luego se marchó;
de no haberte conocido no me hubieras dicho: Adiós.

Con tus besos transportaste al centro de mis entrañas
un amor que no es amor, es un fuego que me daña.

Tus labios fueron deleite de mis labios que libaron
la dulce miel de tu boca. Con locura se enviciaron.

Con tus mágicas caricias me embriagaste el corazón,
al grado que aunque no quiero siento el celo del león

Si, el león por su manada despliega un celo mortal
si observa que a su pareja otro da un trato especial.

Te marchaste de mi lado porque no tengo derecho,
sabiendo que me dejabas tu amor cual fuego en mi pecho.

¡Quien sabe ya me olvidaste, aunque el amor no es un juego!
Y yo por quererte tanto me está consumiendo un fuego.

Es algo demoledor, cual monstruo que se desata,
cuando un hombre se te acerca, siento celo que me mata.

Siendo tuyo, fuiste mía, y alzaste el vuelo, Paloma,
y te celo, pues no quiero que algún gavilán te coma.

Quisiera odiarte y no puedo, por lo menos olvidarte,
si del corazón pudiera al mismo tiempo arrancarte.

Deseo que te vaya bien, que alguien te sepa cuidar,
que con un corazón grande, muy grande, te sepa amar.

Que se enamore de ti, tan profundo como el mar,
como el tiempo, como el cielo, como el sol con su brillar.

Te complazca en lo que quieras y no te reproche nada,
que siempre disfrute el fuego de tu preciosa mirada.

Te regale muchas flores y siempre te haga feliz
mientras yo sigo luchando por olvidarme de ti.

Te cuide como a su flor preferida el jardinero,
regándola con cariño, con ternura, con esmero.

Más que yo, no podrá amarte, mi amor fue superlativo
pero llegaras a ser el centro de sus motivos.

Mucho quisiera desearte que no pudiera contar.
¡Que halles un corazón grande, muy grande, que sepa amar!

Amor.

Amor Todopoderoso,
eterno gigante activo,
alejas al hombre altivo
y atraes al menesteroso.
El universo glorioso,
infinito al ser humano,
en la palma de tu mano
descansa cómodamente
y tu brazo omnipotente
magnifica al Soberano.

¡Oh, gigante excepcional!
con tu mano poderosa
cada delicada rosa
recibe un trato especial.
Tanto la lluvia invernal,
como la de primavera,
con su tierna regadera
riegan montes y jardines
con un tacto tan afines,
¡sin herir una siquiera!

Amor inmenso, por ti,
las estrellas se iluminan;
por ti las plantas germinan
y juguetea el colibrí.
Amor por ti existe si,
la variedad en la vida.
Por ti sanan las heridas,
hechas en lo mas profundo,
y por ti recorre el mundo
una gira sin medida.

Por ti brilla nuestro sol,
por ti cada amanecer
le proporciona placer
a la vida su arrebol.
Amor, por ti el girasol
exhibe tanta elegancia,
en lugar de la fragancia
que otras flores nos regalan,
por ti todas nos halagan
sin la mínima arrogancia.

Por ti las olas del mar,
en contraste movimiento,
se molestan con el viento
cuando las quiere agitar.
Por ti nos quiso bañar
con luz de plata la luna.
Por ti existen las lagunas,
como reservas acuáticas
en las regiones selváticas
como preciosas fortunas.

Por ti hay polinización
ordenando a cada insecto
que trabaje sin pretexto
en tan digna asignación.
Tu no dejas un rincón
del planeta abandonado,
dándole extremo cuidado,
con lo que necesitamos,
porque el suelo que habitamos
Amor, por ti se ha poblado.

Envías la lluvia con tal
delicadeza y estima
que ninguna flor lastima,
ni la flor mas especial.
También por ti es que el panal
de miel nos da su sabor,
por la preciosa labor
que realiza cada abeja,
sin pronunciar una queja
por la miel de flor en flor.

Es por ti la variedad
de alimentos que comemos
y pocos agradecemos
tanta generosidad.
Por ti la felicidad
amor se puede sentir.
Y muy feliz sonreír
por tanto amor manifiesto
porque todo esta dispuesto
para vivir y vivir.

Gracias Amor, por tu amor,
por tantas cosas tan bellas,
por la luna, las estrellas,
por el sol y su calor.
Por tener el gran honor
de poseer tal cualidad,
yo, en mínima cantidad,
tú, en grado superlativo,
y solo por ti concibo
vivir por la eternidad.

Como el niño en el regazo
de su padre cariñoso
el universo grandioso
se haya seguro en tus brazos.
Lo aseguras con los lazos
de tu amor ¡tan protector!
Para sentirnos mejor
agradecidos vivimos
desde el día que conocimos
que nuestro Dios es amor.

El amor que es superior

Amor, la necesidad
mayor del género humano,
por él vivimos, hermano,
y hallamos prosperidad.
Sin él no hay felicidad,
languidecemos, morimos.
Es así porque nacimos
para amar y ser amados,
y no para ser odiados
como actualmente vivimos.

Hay cuatro clases de amores,
todos con mucha demanda
contra ese virus que anda
engendrando sinsabores.
Y sin muchos pormenores
en la lista requerida
a todos sea conocida
la debida explicación
y también la aplicación
de cada uno a su medida.

Ágape, primeramente,
de los cuatro es el mejor
porque borra hasta el rencor
del enemigo inclemente.
Para él no hay antecedente
que impida ver el perdón.
Ágape no hace acepción
de cualquier hombre o mujer,
y no espera un día tener
alguna retribución.

Mientras que ágape es acción,
el altruismo es su bandera
y sirve de tal manera
a todos sin acepción.
No mira la posesión
social del que necesita,
porque es el amor que incita,
en grado superlativo
al Dios tierno y compasivo
que es de bondad infinita.

Ágape es lo que movió
a Jesucristo a venir
a la Tierra hasta morir,
sacrificio que aceptó.
Con su sangre nos compró,
sufrió como un delincuente,
y golpeado brutalmente
manifestó regocijo
ante Pilatos que dijo:
¡este hombre es inocente!

Ágape no ve fronteras,
nación, raza, ni color,
posesión alta o menor,
en ayudar a cualquiera.
Se ensancha de tal manera,
en favorecer al mundo,
que llega a lo más profundo
en su lucha por hallar
aquél que siente pesar
por haber nacido inmundo.

Estorge: este es el amor
entre parientes cercanos
de padres, hijos y hermanos
y se expresa en el dolor.
También se siente el calor
de los lazos afectivos
con esos tiernos motivos
que siempre debían unir
la familia y combatir
el espíritu agresivo.

Fileo: amor entre amigos,
es el lazo de amistad
que manifiesta bondad,
como hospedaje y abrigo.
Fileo, no une a enemigos,
como ágape muchas veces,
pero se ensancha y florece
cuando es correspondido
haciendo amigos queridos
y la amistad fortalece.

Eros: amor que fomenta
entre el hombre y la mujer
gran atracción de placer
como invisible tormenta.
Espíritu que alimenta
deseos por el sexo opuesto,
al grado de estar dispuesto
hasta rebasar fronteras,
los escollos y barreras
por un cariño supuesto.

Por ágape resplandece
la luz del sol para todos,
y cae la lluvia de modo
que hasta el inicuo florece.
El oxígeno se ofrece,
tanto al malo como al bueno.
En fin hay servicio pleno
para todos por igual,
por ese amor celestial
cuyo gobierno está lleno.

Libre Albedrío

Ninguna estrella del cielo significa tu futuro,
como tampoco la suerte va a ir trazando tu camino.

Nadie nace destinado a divertirse o sufrir,
tenemos libre albedrío para saber elegir.

Mucho nos equivocamos, sin excepción de ninguno.
Nadie decide perfecto, nadie, ni siquiera uno.

Es sabio rectificar cuando nos equivocamos.
Pero seguimos ahí, sin dudar ni desmayamos.

Hermana, perseverancia, sinónimo de victoria,
será tu fiel compañía que te llevará a la gloria.

No la sueltes para nada, átala a tu corazón,
únela con tus virtudes, que son muchas en acción.

Tienes mucho a tu favor. Limpia tu vista y verás,
ve lo bueno de tu vida y lucha que triunfarás.

La zona donde naciste debía sentirse orgullosa,
por haber sido la cuna de mujer tan virtuosa.

Eres para tu familia heroína en la batalla,
y dirá quien te conozca que te ajustas bien la saya

La vida que lo es realmente, mi hermana, tiene su precio,
y por ella hay que sufrir, sin duda, mucho desprecio.

Es necesario sufrir dolor en tribulaciones
los que llegan a ser nada ante tantas bendiciones.

Nunca culpemos a Dios; él sufre con tu dolor,
se interesa plenamente en ti porque él es amor.

Te volverás a casar y florecerá tu vientre
con hijos que te amarán; te amarán profundamente.

Con esa fuerza divina, con fe y con sabiduría
capearás cualquier tormenta que aparezca cualquier día.

Pero confía plenamente, no cedas a la presión,
morirá este sufrimiento, mira a la liberación.

¡Qué importa verter lágrimas cuando el gozo nos espera!
¡Una tierra renovada con vida imperecedera!

Recuerda, ninguna estrella significa tu destino.
persiste que triunfarás; persevera en el camino.

Huyeron cualidades piadosa

La honradez, en el ocaso,
de este mundo se marchó
y un bello pueblo le dio
acogida en su regazo.
La paz le siguió los pasos
hastiada de la injusticia.
El amor y la justicia
también pidieron asilo
porque odiaron el estilo
de opresión y de avaricia.

La honradez notó que hoy
casi nadie la practica,
y mucho se le critica,
por lo que dijo: «Me voy.
Tan solo un estorbo soy
a la inmensa mayoría,
pero volveré-- decía-
cuando me tengan amor
y sientan que es un honor
practicarme, día tras día»

Y ¿que hay de la castidad?
virtud como el oro fino,
se marchó por el camino
de excesiva libertad.
En días de la antigüedad
dominaba las parejas.
Pero hoy la gente se queja
cuando se le habla de ella,
y aunque la sabe muy bella
su rechazo se refleja.

El amor, en extinción
tal parece que se hallaba
porque la gente no amaba
y se odiaban a montón.
Se marchó sin dilación
porque odiaron su presencia.
Aunque, es cierto, su influencia
transforma los corazones,
ante extremas condiciones
hay que huir de la insolencia.

El gozo, amortiguador
de golpes y mil presiones,
en pésimas condiciones
es bálsamo sanador.
No es la risa con ardor
ni la euforia mundanal.
Es un sentir especial
que frente a la adversidad
sentimos felicidad
en la procesión triunfal.

El gozo es satisfacción
que se deriva de ver
cumplido nuestro deber
por amor y devoción.
El gozo no es la emoción
que produce la maldad.
El gozo, es felicidad
que se deriva del bien
pero se marchó también
porque odia la iniquidad.

La paz no tenía lugar,
buscaba en toda la Tierra
y donde quiera la guerra
era un estorbo sin par.
"No se puede armonizar
ya nada en la población.
Y no aparece un rincón
donde se vea la equidad.
Todo se envuelve en maldad
y para mí no hay opción".

La gran paciencia trató
de demostrar a la gente
que se puede ser paciente,
pero también fracasó.
La impaciencia se impregnó
del mundo y sigue creciendo.
Y la gente anda corriendo,
cual manada enloquecida
como en busca de la vida
que se le va consumiendo.

También la benignidad,
que anima a ser dadivoso,
se nos marchó con el gozo
pues no tenía libertad.
Ya no hay generosidad
en este mundo mezquino
que se ha labrado el destino
para él y sus componentes,
porque inexorablemente
ha de enfrentar al Divino.

La bondad, ¡Que bella es!
Cualidad muy apreciable,
que nos hace ser amables
en un mundo descortés.
A donde reina el estrés
por razones abundantes,
no tuvo más atenuante
que marcharse, pero un día
regresará ¡Que alegría!
Será un desborde constante.

La fe, expresión de confianza,
de plena seguridad,
escudo de la verdad,
y columna de esperanza.
Al ver lo veloz que avanza,
su enemigo, el ateismo,
se fue del mundo lo mismo
que la justicia y la paz
aunque es el motor capaz
de mover al cristianismo.

Es la apacibilidad
agradable y refrescante,
es como el buen lubricante
cuando enfrenta hostilidad,
pues por su ecuanimidad
cada impulso es controlado.
Cuando ha sido provocado
con insultos sin razones
domina las emociones
sin manifestarse airado.

Refrescante, cual rocío,
es la persona apacible,
aunque alguien piense: «es posible
que este carezca de brío».
Al contrario, el poderío
de este hombre es superior,
porque refleja el amor
que no tiene el iracundo,
quien se irrita en un segundo
expresando su furor.

Esta buena cualidad
también huyó del violento
mundo, porque ni un momento
había de tranquilidad.
Huyeron la santidad,
la compasión, altruismo;
pero si abunda el cinismo,
todo lo malo florece
y en ningún lado aparece
el gobierno de uno mismo.

El gobierno de uno mismo,
cualidad tan ejemplar,
no es fácil de cultivar
en ambiente de egoísmo.
Es un reto de heroísmo
demostrarlo cada día,
y aunque produce alegría
poderlo manifestar,
se marchó para viajar
a donde se le quería.

La gran paciencia, bondad,
paz, gozo, amor y la fe,
se marcharon de una vez
con la apacibilidad.
También la benignidad
y el gobierno de uno mismo,
practicando el altruismo,
demostrando su poder
hoy se les ve florecer
en el puro cristianismo.

Falsos amigos.

Cuando tú tienes dinero,
o algún puesto popular,
no te dejan de halagar
las damas y caballeros.
Desde el grande al pordiosero
te tratan con dignidad.
Y si por casualidad
cae tu posición social
piensas que llegó el final,
al ver tanta falsedad.

Se te acaban los halagos,
y aquel montón de sonrisas,
se marcharon con la brisa
para perderse en un lago.
Te hacen beber ese trago
de la amarga hipocresía
al ver que la cortesía
que se gastaban contigo
venia de falsos amigos
que luego descubrirías

Pero una nueva amistad
también toma su lugar
y te suelen olvidar
con mucha facilidad.
Se olvida tu honestidad
y tus actos generosos.
Tu trabajar sin reposo,
edificando el amor,
para cosechar dolor
y tratarte como odioso.

Triste despedida.

El día que te despediste
mucho sus ojos lloraron,
y hasta hoy no se curaron
las heridas que le hiciste.
Ella se quedó muy triste,
ese día que te marchaste,
cuando en un beso dejaste
la suma de tu cariño
por quien siempre serás niño.
¡Si en su ceno te formaste!

Un adiós triste nos dimos,
y cual ave migratoria,
tú volaste por la gloria,
gloria que nunca tuvimos.
Por ella nos consumimos
y todo se desvanece,
mientras que sí prevalece,
como la gloria mayor,
la devoción y el amor
al Dios que nos fortalece,

Los tesoros en el cielo
no te los pueden robar,
ni se te van a manchar
y no producen desvelo.
Nos producen gran consuelo
garantizando la vida.
No nos producen heridas,
porque no desilusionan
y los que los abandonan
son como naves perdidas.

Recuerdo las ocasiones
cuando en madruga cantabas
y en tus versos reflejabas
bellísimas ilusiones.
Vibraban los corazones
al ritmo de tu tonada.
Y aunque ya casi borrada
la letra de aquella historia
está fresca en la memoria
de tu vieja delicada.

¿Recuerdas aquellos días?
Todo era color de rosa
y al esplendor de tu prosa
la vida te sonreía.
Hoy media la lejanía
entre el bardo que se ha ido
y aquel hermano querido,
a quien su madre encargó,
parece que se olvidó,
todo queda en el olvido.

Se dice que con la gloria
de un nuevo ambiente en la vida
hasta cosas muy queridas
se arrancan de la memoria.
Pero creo en la victoria
que todo nuevo lo hará:
el triunfo que brillará
como el sol, como la luna,
para gozar la fortuna
que no desvanecerá.

Yo no te estoy acusando
de ser un materialista
solo quiero que tu vista
al premio siga mirando.
Y tenazmente luchando
sigas por la fe que un día
supo darte la alegría,
la que tú siempre soñaste,
pero creo que la olvidaste
y tu alma quedó vacía.

Quisiera saber si has hecho
Quisiera saber si has hecho
de la riqueza genuina
una verdadera mina
con que alimentas tu pecho.
Si tu camino es estrecho
como sigue siendo el mío.
Si sigues el desafío
que iniciaste en tu carrera,
si mantienes la primera
aptitud, el mismo brío.

El tiempo.

Si yo pudiera estirarte
como una liga, lo haría,
para que rindas día a día
en lo que quisiera usarte.
De algún modo aprovecharte,
que el rendimiento se vea,
en todo lo que desea
mi alma poder hacer
al cumplir con mi deber
haciendo cualquier tarea.

Me es imposible cambiar
tu itinerario invariable,
como tampoco es probable
que alguien te pueda ensanchar.
Te supieron programar
con estricta precisión.
Yen el oscuro rincón
más lejano del planeta
pasas como una saeta;
en la misma dirección.

Y tu presencia es preciosa,
de incalculable valor,
por ti se ensancha el amor,
por ti nace cada rosa.
Por ti la vida es hermosa
en jardín de la niñez,
y estando una sola vez
en cada etapa presente,
humillas al prepotente;
y al que sufre de altivez.

¿Quien sabe tu dirección,
si vas del Este al Oeste,
o desde el Norte al Sureste?
Pero nos das atención.
Csontinúas sin distracción
rumbo a lo desconocido,
a donde nadie ha podido
viajar para consultarte
sobre como te formaste,
y desde cuando tú has sido.

Nadie podrá conseguir
herir tu imparcialidad,
y con tu gran equidad
nadie puede competir.
Porque sabes corregir
lo mismo al grande que al chico,
al pobre también al rico,
al que es chistoso y al serio,
al de muy alto criterio
y al que piensa que es añico.

Al que se cree poderoso
llegas a hacerlo ceniza,
al burlador lo haces triza,
los igualas en el foso.
No te importa el doloroso
momento que nadie pase,
ni te interesa que clase
de vida la gente lleve,
te da lo mismo si llueve
oque la sequía nos ase

«El jardín de la vida». A mi madre

En el jardín de la vida, donde se mezcla el dolor
con la risa y la alegría, tú fuiste madre querida,
como Titán invencible y tierna como la flor
bella que no se marchita ante la lluvia aguerrida.

Una tormenta, cual fiera, hambrienta, ataca a su presa
y las ramitas se agachan, tímidas, como esquivando
la lluvia y el granizo que las golpean con vileza
y las flores se estremecen cuando el viento está golpeando.

Ha pasado la tormenta y la luz del sol se esmera
en dar calor al jardín, y se reaniman las flores,
que le sonríen y aplauden, como a la amable enfermera
que visita enternecida para curar sus dolores.

Te han golpeado las tormentas que derrotan a cualquiera
pero tú has perseverado criando seis hijos y nietos,
como aquella flor airosa de una fértil primavera,
madre, rosa triunfadora, invicta en todos tus retos.

Como la luz que bañó las flores en el jardín,
un bálsamo vino a ti que descendió desde el cielo,
es la luz de la verdad que envía nuestro paladín
para aliviar las heridas con legítimo consuelo.

La rosa se ha marchitado, pero solo su exterior,
porque alumbra todavía con la luz que recibió,
y aunque se apague mañana, alumbrará con amor
cuando se levante un día a la vida que anheló.

A Omar.

Andabas en la noche oscura y tenebrosa
con tus ojos vendados, tropezando, Omar.
Entre densas tinieblas creciste amigo,
sin ver la justicia ni su senda hermosa,
cual náufrago triste, perdido en el mar
sufriendo de hambre y de frío, sin abrigo.

Estuviste preso en la superprisión
sin ver un rayito de la luz del sol.
Sin ver el amor que tanto abundaba,
porque el vil carcelero vendó tu visión.
El tiempo cautivo sirvió de crisol
a tantas virtudes que no revelabas.

¡Cuántas manos amigas quisieron romper
los fuertes barrotes que te aprisionaban!
¡Disolver los grilletes que te hacían sufrir!
Abrir las trincheras de oscuro saber,
cortar esas vendas que no te dejaban
ver cosas hermosas. ¡Que triste vivir!

Aquellas ideas evolucionistas
hicieron trincheras en tu imaginación.
Cercaron tu mente con tantas mentiras,
quedaste en su trampa cual ciego en la pista
que parecía imposible tu liberación,
pero al fin, tus cadenas disueltas, sin ira.

¿Dónde está el poder de aquellas trincheras,
de aquellas tinieblas que te encarcelaban?
Como con garras de águilas, aquellas ideas
apresaban tu mente, de tal manera,
que pensar libre, amigo, no te dejaban,
pero hoy, gracias al cielo, en la luz te recreas.

¿Por qué no pudieron las rejas pesadas,
ni aquellos grillos tan fuertes de acero
impedir que tú vieras donde hay libertad,
quedaran tus piernas, que estaban atadas,
liberadas, sirviendo al Dios verdadero?
Por has conocido su dulce verdad.

Trincheras de nieve, resultaron ser,
barrotes y grillos, cual mera neblina,
un día se esfumaron con el sol ardiente
que venció las tinieblas un amanecer.
Deshecho el vendaje con la luz divina,
brillaron tus ojos y alzaste la frente.

Ya no enseñas marxismo, ni la evolución.
Enseñas verdades que vencen tinieblas,
liberando las mentes de la esclavitud
a falsas doctrinas, tenebrosa prisión.
Con verdades puras a las mentes pueblas
enseñando amar, con amor la rectitud.

Recuerdo que fuiste diligente, hermano.
Sediento buscaste las aguas de vida.
Con deseo intenso bebías cada sorbo,
desafiando valiente al invisible tirano:
verdugo que te hizo tan grandes heridas,
no pudo lograr que continuaras sordo.

Aquella ceguera se fue con la noche.
Los ojos radiantes de tu intelecto,
llenos de luz y de amor, miran muy lejos
el alba de un mundo feliz, sin reproches,
donde no hay tinieblas de falsos conceptos,
ni ciegos, ni cojos, ni sordos, ni viejos.

Hoy tienes tesoros eternos, hermano,
tu esposa, tus hijos; y la sabiduría,
que alumbra la senda por donde caminas,
los hechos piadosos de tu firme mano
y tus pies diligentes que llevan día a día
las perlas preciosas, las perlas genuinas.

Genuinos tesoros con Dios acumulas.
No hay quien te los quite ni plaga que dañe.
Ni hollín ni polilla podrán corromperlos.
Por ellos cambiaste las cosas que anulas:
la falsa esperanza,...todo lo que engañe.
Con la antorcha en alto no vas a perderlos.

Saliste del mundo de tanta oscuridad,
cuando el sol radiante de excelsa enseñanza,
alumbró tu mente para que llevaras
a los prisioneros la luz, libertad.
Al desconsolado la dulce esperanza,
y a los pobres ciegos, visión duradera.

Hermano y amigo que Dios te conforte.
Su dinámica fuerza en ti permanezca.
Tu fe vencedora pondrá tu corona.
Que el reproche tirano nada te importe,
Nutre tu ánimo para que prevalezca,
mientras que el mundo oscuro se desborona.

A mi hija Dalla

Cual violeta curativa
andas por aquellos campos
aliviando los quebrantos
y vendando las heridas.
Eres miel enriquecida
con nutrientes especiales.
Tú, fuente de manantiales,
que animan y dan vigor,
mientras sazona tu amor
tus hermosas cualidades.

Es como pozo profundo
tu garganta porque emana
agua fresca de mañana
con la que riegas el mundo.
Tu amor se ha hecho tan fecundo
que ya tienes muchos hijos
que te dan el regocijo,
ese de amor y de paz,
por tu abnegación capaz
de marchar en rumbo fijo.

Eres paloma viajera,
temporada a temporada,
con las noticias doradas
para el manso que las quiera.
Excelente misionera
que repartes alegría.
Contagia tu simpatía,
tu fe y afabilidad
a nuevos de la hermandad
que crece todos los días.

Abrazaste tu carrera
con entusiasmo y amor,
con celo ardiente y valor,
que contagian a cualquiera.
Cualidades que de veras
exige el precursorado,
en estos tiempos dorados
de la rebusca final
de los que odian el mal
para que sean liberados.

Eres antorcha y orgullo,
y nos complace tener
hijos que aman su deber
y que cuidan de los suyos.
Escuchar un tema tullo,
es bálsamo al corazón,
cuando hermoseas la ocasión,
contándonos tus vivencias
con bonitas experiencias
de la verdad en acción.

Como antorcha transportada
a donde haya oscuridad,
alumbras con la verdad
que anima el alma cansada.
Siempre serás compensada
por nuestro Dios que no miente,
quien te mirara sonriente
por tu fiel perseverar,
conservándote un lugar
donde vivas felizmente.

Nuestro sol de la verdad

No permitas que el tesoro
que Dios ha puesto en tu mano
te lo arrebate el Tirano
que no conoce el decoro.
Debes brillar como el oro,
finísimo, acrisolado.
Cuida lo que se te ha dado
con todo tu corazón,
y descubre la razón
del espíritu abnegado.

Ese Tirano pudiera
saber tu necesidad
y disfrazar la bondad
en el arma que te hiera.
El puede hacer que una fiera
se ponga el traje de oveja,
y enredarte en su madeja,
como el pez en una red.
Para que mueras de sed
en un desierto te deja.

Jamás permitas que nada
te haga alejar del calor
de la fuente del amor
donde estas bien refugiada.
Y las tormentas malvadas
de la férrea adversidad
se irán como tempestad
formadas por la neblina
cuando del cielo ilumina
nuestro Sol de la verdad.

Coloca enfrente de ti
a Jehová constantemente
y llena plena tu mente
del pensar del Dios Feliz.
Permite que eche raíz,
tu fe con el agua viva,
y la feliz perspectiva
de acabarse la tristeza,
hará de ti fortaleza
que jamás será vencida.

Mira por esas ventanas,
que son cada profecía,
luz que nos trae alegría
genuina por las mañanas.
Sigue sirviendo con ganas;
lucha con tenacidad.
Haz tu espiritualidad
una torre, una muralla,
que vencerá en la batalla
contra toda iniquidad.

Limpia tu vista y verás
a tu lado al invisible,
al Dios de amor, invencible,
que nunca te fallará.
El jamás defraudará
a los que saben confiar
en su amor, participar
en su santificación
hasta su vindicación
sin dejar de proclamar.

Recuerda, los hombres sabios,
para evitar sinsabores,
aprenden de los errores
de los que sufren agravios.
No permitas que los labios
del arte en melosidad,
usen su ingeniosidad
para poder conquistarte
y finalmente arrojarte
a un cenagal de maldad.

Si lo escuchas un poquito,
porque ¡parece tan bueno!
llenarás con su veneno
tu tierno corazoncito.
Y serás un bocadito
para ese genio malvado,
feliz de haber devorado
tu fe como con un fuego,
para vomitarte luego
como chicle masticado.

Si hasta aquí has servido fiel,
continúa en tu posesión,
de vanguardia en la invasión
que profetizó Joel.
Prueba mentiroso a aquél
que desafió su manera
de gobernar y quisiera
convencernos de algún modo
que esta triste vida es todo
para hacer lo que uno quiera.

Él tiene dos pensamientos
entre sus armas letales
para herir a los leales
en sus mismos sentimientos.
Hacer ver que los intentos
de agradar a Dios son vanos.
Porque todos los humanos
se han ganado su desprecio,
y no acepta ningún precio
para reanimar sus manos.

Que Dios es bueno y perdona,
no importa lo que uno haga,
para clavarte la daga
del placer que te traiciona.
Conduciéndote a la zona
corrupta de la indolencia,
haciendo que tu conciencia
no levante su expresión
ahogada en la corrupción
del mar autocomplacencia.

Perder el favor divino
por un acto despreciable,
es algo muy lamentable
que oscurecerá el camino
de la vida; y al que vino
a salvarnos por amor,
provocandole dolor
porque en esto demostramos
lo poquito que apreciamos
su acto libertador.

Ser parte de esta nación,
abnegada y amorosa
es la cosa más hermosa
que nos da motivación.
No, nunca la distracción
debe hacernos tropezar.
Sí, felizmente ensalzar
al Dios que tanto nos ama,
no por evitar la llama
que nos pueda incinerar.

¡Que privilegio gozamos!
Único pueblo en la tierra
que no practica la guerra
porque todos nos amamos.
Donde no rivalizamos
por ninguna posesión,
disfrutando de una unión
que solo se puede hallar
en la forma de adorar
a Dios con resolución.

La fuerza que necesites
Dios dice: «la suministro,
a ti, devota ministro,
de la senda que escogiste».
Le complace revestirte
con su poder cada día.
Es la fuente de energía
dinámica y el poder
vigoroso para ser
el instructor que te guía.

Nunca mires al pasado,
con sus fracasos y errores,
ni revivas sinsabores
que se encuentren sepultado.
Con ánimo renovado
mira el futuro con gozo,
y refleja el alborozo
de nuestro fiel comandante
a tu lado cual gigante
y temible poderoso.

Al magnífico instructor.

¡Que hermoso es pertenecer
a este cuerpo de doctores,
como jueces y pastores,
en el rol de su deber!
Pero más bello es saber
que el magnifico instructor
nos instruye con amor
por el bien de su rebaño
que se aumenta cada año
para su gloria y honor.

Con un aprecio profundo
trabajaremos día a día
mientras yace en agonía
el imperio moribundo.
Será nuestro amor fecundo
en busca de los sedientos,
dándole a los instrumentos
que el esclavo nos ha dado
el uso mas apropiado
con mejores rendimientos.

Es algo maravilloso
recibir esta enseñanza
para aumentar la confianza
en nuestro padre amoroso.
Hay que sentirse orgulloso
por haberlo conocido,
y ser su pueblo elegido,
de toda la humanidad
de quien espera lealtad
y ha sido correspondido.

Quiero, por favor, hermano,
Alemán sea portador
de nuestra expresión de amor
a Betel lo más temprano.
Quiero estrecharle mi mano
a ese cuerpo tan querido,
por este grupo instruido
de ancianos aquí presente
que se irán gustosamente
a cumplir su cometido.

Gracias Cuerpo Gobernante,
gracias Esclavo prudente,
por reajustar tiernamente
nuestro curso zigzagueante.
Gracias colectivo amante
de la unidad que confortan.
Sentimos que nos transportan
desde la sede mundial
el cariño fraternal
y el celo que nos aportan.

Que Dios siga bendiciendo
su arte como maestros,
y entrenen más hombres diestros
porque el pueblo va creciendo.
Sigan felices sirviendo,
alentando corazones;
compartiendo bendiciones
del excelso y gran pastor,
y cuenten con nuestro amor
y con nuestras oraciones.

Escuela del Ministerio del Reino
en Jacksonville. Florida.

Distinguido pintor.

Distinguido pintor, quiero
una descripción profunda
de la paz que nos inunda
desde el reino venidero.
Píntame con todo esmero
la dulce transformación,
del poderoso cañón
en arado o podadera;
pinta la muerte que muera
en su justa ejecución.

Pinta las fieras en paz
con el hombre, sin temor,
y un mundo lleno de amor
que no marchita jamás.
Píntame, si eres capaz,
en tu ingeniosa virtud,
un anciano con salud,
despidiendo la vejez
para tornar esta vez
a la eterna juventud.

Píntame la raza humana
marchando a la perfección,
unida en la adoración
que da luz a la mañana.
Pinta una árida sabana
revestida de ternura,
que nos brinde la frescura
de bosques exuberantes,
a donde los visitantes
respiren su aroma pura.

Píntame al mudo cantando,
feliz por poder hablar,
y píntame el escuchar
del sordo que va sanando.
Píntame a un cojo saltando,
como un siervo, de alegría.
Y pinta lo que sería
para el ciego poder ver:
un eterno amanecer,
mundo de luz y poesía.

Pinta, paciente pintor,
el desarme universal,
cumpliendo a grado cabal
la voluntad del Creador.
Pinta a un mundo sin dolor,
sin odio, hambre, y racismo,
a donde el nacionalismo
no pueda impedir la unión
de todo un mundo en acción
por la paz del cristianismo.

Pinta, pinta el paraíso
que con amor construiremos,
donde feliz viviremos
como nuestro padre quiso.
También pinta el compromiso
más hermoso que tú harás,
porque un día comprenderás
que solo en este camino
tendrás el mejor destino
por el cual tú lucharás.

Pinta la liberación;
esa que traiga de vuelta,
nuestra parentela muerta
en la gran resurrección.
Pinta la gran expresión
de gozo en cada sonrisa.
Pinta que nadie agoniza
de miseria o de maltrato,
ni sea afectado el olfato
por hedores en la brisa.

Pinta un mar, contaminado,
recobrando su pureza,
y extinguida la tristeza
por el Edén recobrado.
Pinta un mundo enamorado
de triunfos insuperables,
de riquezas estimables
que todos disfrutarán
por siempre y olvidarán
los recuerdos miserables.

Puerto de paz

Por fin, tu nave encontró
el puerto de aguas profundas,
cristalinas y fecundas
con quien tu alma soñó.
Todo el pueblo te sonrió
y te acogió amablemente,
donde no veamos tu frente
inclinarse abochornada
ni tu nave sea arrastrada
por las malignas corrientes.

Nadie sospecha de ti
ni preguntan con intriga,
te reciben como amiga
que quieren hacer feliz.
No pienses que es un barniz
que cubre la falsedad,
porque el amor y bondad
se alzan como trinchera
donde no exista siquiera
un vestigio de maldad.

En este cálido clima
de amor y de libertad
suspiras felicidad
y tu corazón se anima.
Aquí no verás la cima
que divide a los humanos,
porque todos son hermanos,
negro, blanco, rico, pobre,
ni dan amor por el cobre
como hace el mundo tirano.

Tu fe, como ancla del alma,
debes alimentar bien
y será tuyo el Edén
de donde nació la palma.
Donde jamás un alarma
la paz interrumpirá,
y tu alma florecerá
fertilizada de amor,
haciendo de ti la flor
que nunca marchitará

Las olas de brusquedades
ya no te lastimarán,
y jamás te arrastrarán
a mares de tempestades.
No sentirás las crueldades,
de los que sufren vendidos,
y que son estremecidos
por un clima de pavor
porque en el mundo de amor
no se admiten los bandidos.

Tus ojos no verterán
una lagrima siquiera
donde un dolor o quimera
al fin, nunca se verán.
Los sufrimientos serán
solo cosas del pasado.
Pues Dios nos ha preparado
maravillas infinitas
con quien la mente finita
nunca, jamás, ha soñado.

Adiós Bella Juventud.

Adiós bella juventud
me dejas entre clamores,
contigo se van las flores
de nuestra pobre salud.
Y en tu lugar un alud
de dolencias y fatigas,
cual violentas enemigas
se adueñan de nuestro ser
hasta hacernos perecer
como frágiles espigas.

Adiós, juventud hermosa,
fortaleza y dinamismo,
espíritu de optimismo
y abnegación valerosa.
Como pétalos de rosa
que caen marchitos al suelo,
se marchita cada anhelo
y todo el afán profundo
al descubrir que este mundo
nos brinda un falso consuelo

Adiós juventud profunda
como caudalosos ríos,
se van contigo los bríos
y aquella alegría que inunda.
Se apaga el don que fecunda
a nuevas generaciones.
Y surgen las condiciones
que nos acorta la vida:
morir sin otra salida,
no importan las posesiones.

¡Adiós juventud florida
inestimable tesoro,
tú que brillas más que el oro
cuando florece la vida!
¡Que dura es tu despedida!
¡Y qué triste tu relevo!
Significa que lo nuevo
se cambia por la vejez,
y se acaba de una vez
el corto vigor que llevo.

Adiós, juventud querida,
me abandonas sin remedio,
sin poder hallar el medio
de retenerte en la vida.
canas y arrugas nacidas
me dicen que tú te vas.
Que al fin me abandonarás
al maltrato de los años.
¡Es juego de los engaños!
¡Te vas y no volverás!

Adiós vejez monstruosa.

Cuando llega la vejez
se marcha la juventud,
se marchita la salud
y reduce la altivez.
Entonces el hombre es
apto para dirigir.
Cuando debía sonreír
al triunfo de su experiencia,
cual neblina, su existencia,
desaparece al morir.

Esto que describo es
la realidad que hoy vivimos,
pero también aprendimos
que habrá un mundo sin vejez.
Cuando exista madurez
sin la huella del pecado,
y el hombre sea transformado
al estado original
por haber sido leal
al que vida nos ha dado.

Que bello será aquel día,
ya muy cercano, señores,
cuando no existan dolores,
ningún tipo de agonía.
Notaremos la alegría
en cada rostro impregnada.
Y la vejez arrastrada,
desde el pecado de Adán
se irá como un huracán
para no ser recordada.

Allí diremos adiós,
a sillas y rodilleras,
y a muletas majaderas
que causan un daño atroz.
Mientras los siguen en pos,
auriculares y lentes.
Los bastones relucientes
que usan jóvenes y abuelos,
dirán con los espejuelos
un ¡adiós eternamente!

Habrá el mirar inocente.
Tendremos mejor visión
porque habrá una curación
en los cinco continentes.
La mirada reluciente
ya jamás nos abandona,
ni se halla en ninguna zona
de nuestra vista defectos.
¡Si oftalmólogos perfectos
curan a cada persona!

Adiós, aquellas muletas,
remiendos del viejo mundo,
se Irán a lo mas profundo
del olvido en el planeta.
Ya cada pierna completa,
sin lesiones ni dolores,
no sentirán los temores
de un accidente fatal
en un mundo sin final
que estamos en sus albores.

Adiós, sillas de impedidos,
vestigio de un mundo cruel,
desaparezcan con él,
gracias por lo que han servido.
Para siempre las despido,
su servicio terminó.
El Gran Medico curó
la humanidad moribunda
y salud perfecta abunda,
aquella que Adán perdió.

Adiós los auriculares,
mucho servicio prestaron,
pero los sordos sanaron
hasta en remotos lugares.
Adiós, aquellos pesares,
vil fruto de la vejez.
La nostalgia y el estrés
ya no nos angustiarán,
por siempre nos dejarán,
se marcharán de una vez.

¡Adiós, vejez monstruosa!
¡cuánto daño nos causaste!
a nuestra mente enfermaste
con tus secuelas odiosas.
¡Monstruo que jamás reposa,
destruyendo la hermosura!
¡y erosionas la textura
formando surcos en ella,
plasmando la inicua huella
que deja tu mano dura!.

Ya no podrás marchitar
el rostro resplandeciente,
donde el gozo floreciente
para siempre ha de brillar.
Y no podrás empañar
a la bella juventud,
saturada de virtud
por toda la eternidad
sin ver en ella fealdad,
con su perfecta salud.

Adiós, arrugas y canas,
váyanse con su vejez,
jamás dañaran la tez
de esta juventud lozana.
Juventud que muy ufana
con nosotros quedará.
Nunca se despedirá,
vino para florecer
y no vernos perecer
porque nadie enfermará.

¡Oh regresa juventud!

¡Oh regresa juventud!
ya se fueron los clamores;
vuelvan contigo las flores
de la esplendida salud.
Ya se marchó aquel alud
de dolencias y fatigas,
que cual fieras enemigas
atrapaban nuestro ser
y nos hacían perecer
como frágiles espigas.

Vuelve juventud querida,
inestimable tesoro,
tú que brillas más que el oro
cuando florece la vida.
Fue triste tu despedida,
pero se fue tu relevo.
Significa que lo nuevo
sustituyó a la vejez,
renovando vez, tras vez,
el rico vigor que llevo.

Vuelve, juventud florida,
que te fuiste sin remedio,
ya contamos con el medio
de retenerte en la vida.
Canas y arrugas perdidas,
dicen que te quedarás.
Y no me abandonarás
al maltrato de los años,
ni sufriré desengaños
porque no te marcharás.

Vuelve juventud hermosa,
fortaleza y dinamismo,
espíritu de optimismo
y abnegación valerosa.
Ya los pétalos de rosa
no caen marchitos al suelo,
ni se marchita el anhelo
porque me afane profundo
porque reinará en el mundo
la paz, amor y consuelo.

Si, ven juventud profunda
como caudalosos ríos
vuelvan contigo los bríos,
y aquella alegría que inunda.
Renueva el don que fecunda
a nuevas generaciones,
ya que existen condiciones
que dan sabor a la vida,
con la tierra enriquecida
copiosa de bendiciones.

Don Dinero.

Dice un refrán:« Poderoso
caballero es don dinero»,
pero estudié con esmero
hasta qué grado es grandioso.
Para empezar, quita el gozo
buscarlo afanosamente.
Me convierte en indolente
al confiar en las riquezas
y proporciona sorpresas
el escuchar lo siguiente:

Para muchos el dinero
en la vida es lo mejor,
aunque les cause dolor
buscarlo con desespero.
Llamarlo un medio, prefiero,
para el sostén de la vida,
pues ha hecho tantas heridas
tenerle amor desmedido
que muchos han sucumbido
en su busca enloquecida.

¿A quién ha hecho feliz?
¿A quién le dio más amor?
¿A quién le sanó el dolor
que heredó de la matriz?
¿A quién le trajo el rubí,
la esmeralda y el diamante
una familia brillante,
por sus bellas cualidades,
donde no hay rivalidades
debido a amor abundante?

¿A quién le quitó el insomnio,
le dio un sueño placentero,
un descanso verdadero
y escudó contra demonios?
¿Quién ha dado testimonio
de su gran seguridad
al llegar la adversidad
en desastres naturales
cuando la lluvia a raudales
actúa con severidad?

¿Quién consiguió paz mental,
por su abundante riqueza
y no pudo la tristeza
un día clavarle el puñal?
¿Quién tuvo la idea genial,
por su plata acumulada,
de hacer una barricada,
bien alta, profunda y fuerte,
donde no pueda la muerte
ir por su familia amada?

¿Quién logró con sus millones
de la vejez distanciarse,
no envejecer, no enfermarse,
ni tener preocupaciones?
¿Quién disolvió las tensiones
que afrontamos por igual?
¿Quién logró que el capital
haga un mundo más seguro
y garantice el futuro
sin un acto criminal?

A caso ¿impidió el dinero
dos guerras sin proporciones
con ciento veinte millones
de muertos en actos fieros?
¿Ha hecho al hombre más sincero,
más humilde, más amable?
¿Ha logrado hacer estable
una justa economía
a donde el pobre tendría
un ingreso razonable?

¿Por que no ha hecho el dinero,
si tiene tanto poder,
que el hombre deje de hacer
de la tierra un basurero?
También, señores, yo quiero
preguntar humildemente
¿Por qué no enseña a la gente
a convivir en amor
y hace que muera el rencor
que hay en cada continente?

¿Por qué no ha fortalecido
los lazos matrimoniales?
Y las peleas conyugales
habrían desaparecido.
Y ¿Por qué no ha conseguido,
su poder tan prominente,
un espíritu obediente
entre jóvenes y niños
que carecen de cariño
y dirección eficiente?

¿Acaso el rico no muere,
el artista, el millonario?
Si por un mismo salario
la tierra a todos ingiere.
El puede comprar, si quiere
los placeres, sin amor.
¿Pero evitará el dolor
cuando muere un ser querido?
Y finalmente, ¿ha podido
hacer un mundo mejor?

Con el dinero podemos
sobornar la autoridad,
para encubrir la maldad
que luego lamentaremos,
porque todos estaremos
ante el tribunal Divino,
ante un tribunal genuino
que juzgará con amor
cuando no tendrá valor
ningún capital mezquino.

Con él puedes conseguir
la gloria, poder y fama,
pero no apagar la llama
que un día te va a consumir.
Tú te podrás divertir
con las personas brillantes;
tener carros elegantes,
del más reciente modelo,
y hasta viajar por el cielo
en naves impresionantes.

Tu casa pudiera estar
cual palacio entre jardines,
tener acuario, delfines,
y por el mundo viajar.
Pero ¿podrás disfrutar
de una familia feliz?
¿O se esconde una raíz
venenosa que podría
empañar esa alegría
que parece haber en ti?

Una úlcera estomacal
lo mismo le sale al pobre,
que al que dinero le sobre
de su inmenso capital.
Envejecen por igual,
según les pasen los días.
Y no hay una cirugía
que el rico pueda escoger
que lo haga permanecer
joven, sin mas agonías.

Hay mucha gente pudiente
que no tiene el regocijo
de poder tener un hijo
que le nazca de su vientre.
Esto prueba que la fuente
del gozo no es la riqueza,
ni tampoco la pobreza,
pero encontramos mejor
un pobre lleno de amor
que el amor en la realeza

Claro que con el dinero,
se vive un poco mejor,
lo malo es tenerle amor
excesivo al caballero.
Hacer que sea lo primero
en la vida cada día
seria darle idolatría
como nuestra plaza fuerte,
y cuando venga la muerte
¿de ella nos escudaría?

El dinero debe ser
para la vida un sostén,
disfrutarlo, comer bien,
sin exceso de placer.
Compartir con la mujer
que te ama, tu fiel esposa,
las ocasiones hermosas,
las pocas que da la vida;
haz que se sienta querida,
muy amada, muy dichosa.

Es dulce el sueño del pobre.
su descanso arrobador,
y comparte con amor
lo que tenga aunque no sobre.
El rico hace de su cobre
su plaza fuerte, de modo
que disfruta su acomodo
con escoltas, y no duerme
feliz; para convencerme
Que "don dinero" no es todo.

Procura ser imparcial.

Si desea tu corazón
hacer un bien cualquiera,
procura hallar la manera
de demostrarlo en acción.
Esa hermosa inclinación
de servir se está extinguiendo,
por lo que se están perdiendo
muchos la oportunidad
de expresar felicidad
como los que están sirviendo.

Servir al prójimo es
manifestarle tu amor,
plantar con gusto y honor
qué cosecharás después.
Servir, es darle un revés
al opulento egoísmo.
Si amas como a ti mismo
a quien puedas ayudar,
abre bien tu mano al dar
y recibirás lo mismo.

Hacer el bien a la gente
es semejante a sembrar
dondequiera y esperar
como agricultor paciente,
que riega regularmente
fertilizando el terreno
mientras que sigue de lleno
enfocado en su cultivo
movido por el motivo
que identifica al que es bueno.

Procura ser imparcial,
detesta el favoritismo
que es parte del egoísmo
y es un concepto del mal.
Ni la posesión social
ni la raza ni el color
se merecen un favor
de alguna mayor cuantía,
porque este sol día tras día
baña a todos por amor.

Fíjate en cada aguacero
que de región a región,
cae sin hacer acepción
de nadie en el mundo entero.
Al rico y al pordiosero,
al pobre y a toda raza
con gran amor los abraza
sin ponerles condiciones,
nutriendo sus corazones
cual madre buena a su casa.

No retengas de tu mano
el bien que puedas hacer
cuando se halla en tu poder
el socorrer a tu hermano.
Este principio cristiano
siempre debe estar presente:
"El que da mezquinamente,
segará con mezquindad,
quien con generosidad,
ciega generosamente"

La vida es un corto viaje.

¡Que pesada es la vejez!
¡Es una carga pesada!
Nos deja el alma encorvada
y va surcando la tez.
Cual vil e indolente juez
que no conoce clemencia,
destruye nuestra existencia
desde aquel triste momento
que un oscuro pensamiento
parió la desobediencia.

Va como en cámara lenta,
limando a la juventud,
socavando la salud
como al bosque la tormenta.
Y sin que nos demos cuenta,
nos visita la tristeza
al ir perdiendo destreza,
la habilidad y vigor
ante el monstruo aterrador
que nos convierte en su presa.

Nace un niño y crece fuerte,
muy elegante y apuesto,
y casi que hasta dispuesto
para desafiar la suerte.
Pero allá espera la muerte,
cual experto cazador,
que no el importa el vigor
o su posesión social,
ostente un rango especial
o sea un pobre sin amor.

La vida es un corto viaje
que comienza allí en la cuna,
y el pobre y el de fortuna
va ala tumba sin ambage.
No hace falta un equipaje
duradero ni brillante,
porque no hay otro atenuante:
todos residen igual
en esa casa final
que nos espera anhelante.

La vida es contradictoria
con sus fases diferentes
en su ruta de accidentes
y pocas horas de gloria.
Comienza su trayectoria
en una cuna adornada
donde una madre cansada
pone a dormir su bebé,
feliz, porque ella se ve,
dice: muy afortunada.

Se llena de expectativas
y de lindas ilusiones,
como si las condiciones
siempre fueran positivas.
Pues no existen evasivas
a golpes inesperados.
Cuanto más enamorados
de la vida nos hallamos
más nos desilusionamos
cuando somos defraudados.

Defrauda luchar en vano,
como correr tras el viento;
y nos defrauda el momento
cuando se pierde un hermano.
Nos defrauda que una mano
muy amiga nos traicione.
Defraudan las condiciones
que nos emboscan a veces,
cuando aparecen reveces;
¡que hacen temblar corazones!

¡Qué bonita juventud
que florece cada día,
con su profunda alegría,
exhibición de salud.
No conoce la inquietud
por lo que traiga el mañana,
enfrentándose con ganas
de huracán a lo más duro
como si viera el futuro
brillando cada mañana.

La vida es como una flor;
muy frágil que se marchita,
es neblina que se quita
con el mínimo calor.
Es un suspiro de amor
que muere al amanecer.
Es un sueño sin querer
ver la triste realidad
porque la felicidad
no dura un atardecer.

Ver a una joven hermosa,
alegre, feliz, sonriente,
de mirada reluciente
y tierna como una rosa.
Luce radiante, gloriosa,
como astro que se desplaza.
Pero cuando el tiempo pasa,
como un inspector tirano,
con una sádica mano
por fealdad todo reemplaza.

¡Que bueno si usted pudiera
ver que este mundo cambiara,
¡la juventud se quedara
y que la vejez se fuera!
¡Y ver que ya nadie muera!
¡ni exista aquel cazador,
y aquel tirano inspector,
aliado de la fealdad,
pierda toda autoridad
porque gobierna el amor!

Ya no soy aquel

Amor, ya siento los años
arrebatarme el vigor,
con la vejez, con rigor,
y con espíritu huraño.
Es triste, yo no me engaño,
ya no soy aquél que era.
Pero busco la manera
que esta etapa de la vida
no sea una etapa afligida
a mi dulce compañera.

No tenemos la energía,
ni tampoco la salud
como aquella juventud
que ante todo se imponía.
Pero nace la alegría,
como fruto del aguante,
de seguir siempre adelante
a pesar de envejecer,
resueltos hasta vencer
con la fuerza de un gigante.

Como un tigre al asecho
nos persigue la vejez;
un poco de timidez
y el camino se hace estrecho.
Siento que pierdo derecho
de disfrutar y de hacer.
Porque no tengo el poder
que me animaba a luchar,
he tenido que cambiar
hasta mi modo de ser.

Aquel deseo de plantar,
un jardín, un arbolito,
murió, no tengo apetito
de algo nuevo iniciar.
Parece que va a frenar
el coche de nuestra vida,
cuando parecen perdidas
tantas metas que soñamos
y siento que nos marchamos
con el alma entristecida.

Poco a poco van quedando
atrás los viejos anhelos
y en mis noches de desvelos
veo que se están olvidando.
Como palomas volando
se marchan mis ilusiones,
mientras que las emociones
negativas me estremecen
cuando las penas florecen
y me ponen condiciones.

La salud nos condiciona
y hasta nos pone lindero
para no hacer lo que quiero
ni salirme de la zona.
Me prepara la corona
de la vejez que detesto.
Y al final de todo esto,
sin la intervención divina,
vendrá la muerta asesina
alegando algún pretexto.

Un padre habla a su hijo.

El día que me veas mayor,
el día que ya no sea yo,
mi espíritu me dejó
y se llevó mi vigor.
Ten paciencia, por favor,
y así procura entenderme.
Nunca vayas a imponerme
cosas que me hagan sufrir;
cuando me vaya a vestir
y no pueda sostenerme.

Cuando me ensucie comiendo,
recuerdas, cuando eras niño,
te enseñaba con cariño
mientras que ibas aprendiendo.
Si me notas repitiendo
las mismas cosas mil veces,
de triunfos o de reveces,
no me interrumpas, escucha,
tal vez mi angustia sea mucha
y mi mente se oscurece.

Cuando tú eras muy pequeño,
a la hora de dormir,
te animaba a repetir
la oración para tu sueño.
Te repetía con empeño
lo que quería que aprendieras.
Recuerda, cuando no quiera
bañarme, que en tu niñez,
te decía más de una vez:
métete en la bañadera.

Cuando tú veas mi ignorancia
contra la tecnología,
no me veas con ironía
ni te expreses con jactancia.
Te enseñe a amar la constancia,
a comer bien y vestirte,
a luchar, nunca rendirte
cuando enfrentes un problema,
y no dar lugar a un tema
que pueda ponerte triste.

Si en una conversación,
en algún momento pierdo
la memoria, o no recuerdo,
no es de gran preocupación.
La más hermosa razón
era conversar contigo.
Me escucharás como amigo,
como lo hace el hijo bueno,
y me harás sentir de lleno
ese cariñoso abrigo.

Si un día no quiero comer,
se cuando lo necesito,
nunca perdí el apetito
desde niño a envejecer.
Es el triste atardecer
de mi vida ya agotada.
Cuando mis piernas cansadas
no me dejen caminar
tu mano me vas a dar,
como antes conmigo andabas.

Yo te llevé de la mano
en tus primeros añitos;
con tus primeros pacitos
caminando muy ufano.
Siempre fuiste un niño sano,
pero aun así te caías
muchas veces en el día
y te parabas diciendo
que te ibas fortaleciendo,
y eso nos daba alegría.

Recuerda que si algún día
ya no quisiera vivir,
Job también deseó morir
para vencer su agonía.
Pero luego volvería
para vivir sin dolores.
La vejez, con sus rigores,
nos hace la vida oscura;
su sabor es la amargura,
entre dolamas y errores.

No tiene que ver tu amor,
entiende, tampoco el mío,
es que he ido perdiendo brío
y me esclaviza el dolor.
Intenta entender mejor,
que a mi edad ya no se vive.
A lucha se sobrevive,
antes no lo comprendí,
y hoy me toca ver a mí
mi propia vida en declive.

Pese a mis tantos errores,
quise darte lo mejor,
atención, cariño, amor,
y consejos superiores.
Hoy sufro mil sinsabores
por todo lo que he heredado.
No estés triste ni enfadado,
ni te sientas impotente,
sé manso, humilde, valiente,
para que estés a mi lado.

Tratarás de comprenderme,
como yo lo hice contigo,
no quiero perder tu abrigo,
ni que dejes de quererme.
Sé que sufrirás al verme,
que casi no puedo andar.
Ayúdame a terminar.
mi camino de dolencia,
con amor y gran paciencia
que Dios te lo va apagar.

Te enseñé buenos modales,
vistiéndome de exigencia,
superiores a una herencia
de las cosas materiales.
Tesoros espirituales,
es la herencia que te dejo,
millonaria en los consejos,
con una fe bien asida,
para ver lo que si es vida
cuando regrese tu viejo.

Reflexión sobre la vida.

La vida y la neblina se parecen.
Es tan breve su existencia que no dan
tiempo a reflexionar, amar y se van,
como la flor, nacen y desaparecen.

Amar a los hijos con toda el alma
a abuelos y nietos con gran cariño,
tan mansos y humildes como es el niño,
pero siempre firmes como la palma.

Echemos al mar todos los rencores.
Hagamos el bien a los enemigos,
y nunca procuremos su castigo,
plantando jardines segaremos flores.

No hagamos montaña de un grano de arena.
Miremos lo bueno en cada persona,
no con la lupa la tacha que encona,
si vieran las nuestras morimos de pena.

Si es tan breve la vida, hay que aprovecharla,
no en maldades y aventuras vanidosas,
en amar mucho, cuidar de la esposa,
regalarle rosas, y amar sus charlas.

Amar los amigos, cuidar su amistad,
hacer bien a la gente: al rico y al pobre,
al muy pobrecito y al que le sobre,
demostrar a todos generosidad.

Amar es vivir, enriquecer la vida,
saborear lo bueno que nos ofrece,
y ver su jardín, que hermoso florece,
expresar alegría, la garganta henchida.

Odiar es morir, acortar la vida.
¡Es envejecer prematuramente!
Odiar consume el gozo, tristemente,
cual violento estío a la planta herida.

La vida es un suspiro, no la acortes más,
con tantos prejuicios y malas ideas;
tantas amarguras que la hacen tan fea
seria más hermosa si buscas la paz.

El ser amigables y bondadosos,
corteses, amables, honrados y buenos,
hacen el vivir más dulce, más pleno,
sembrando el amor estaremos gozosos.

Si a tanta lucha vivimos un rato,
cual triste viajero que llega al final
de tan corto viaje y tan largo penal
¿Por qué no nos damos amoroso trato?

Dejemos con hechos memorias hermosas
que nuestros amigos puedan recordar,
actos amorosos, dignos de imitar,
por los que aborrecen la vida tediosa.

Cuando estamos en la casa del duelo,
comentamos sombríos: "¡Qué fácil se ha ido!"
por algún pariente o amigo querido,
¡murió sin poder realizar su anhelo!

Todo sueño se apaga con la muerte,
¡quedan olvidadas tantas ilusiones!
Nunca determinan las posesiones:
pobres y ricos corren igual suerte.

¿Por qué el poderoso al humilde oprime
si su poder no puede impedir que muera?
Y allí, en lo profundo, de igual manera,
de todas sus deudas se les exime.

No estamos de paso, como alguien dice.
Porque aquí nacimos y aquí morimos.
Nos vamos sin nada, como vinimos,
hasta que expire su causa y sus raíces.

Si es tan breve la estancia del humano,
¿por qué tanta violencia y desafuero?
¿Por qué queremos todos ser el primero,
bajando a la escala de un mundo tirano?

Cultivar altruismo es mucho mejor,
ceder el paso rebaja tensiones.
Para mejorar nuestras relaciones
usemos diariamente, el bálsamo: "amor"

¿Por qué vivir como perros y gatos,
perdiendo muchos goces en la vida,
siempre iracundos, cual fieras heridas
sabiendo que estamos aquí por un rato?

Si esta efímera vida demanda bondad,
mostremos cariño los hijos y padres.
Cada familia como aman las madres,
¡por todos los siglos amor de verdad!

Cuando la vida no sea una neblina,
y cuando el amor como un sol radiante
bañe el planeta, murió la arrogante,
dejó de existir, la muerte asesina.

Será sabio aquél que aplique el consejo,
sonriendo a la vida, gozando con ella,
evitando siempre toda querella,
y cuanto mejor si vamos muy lejos.

Triste caminante.

Su bicicleta delante,
bajo de un árbol sentado,
un hombre decepcionado
como un pobre caminante.
A juzgar por su semblante
parecía ser un cubano,
mientras alzaba la mano
zurda con una cerveza
queriendo ahogar la tristeza
o algún recuerdo lejano.

Con su pulóver rallado
y su short de mala muerte
se fue en busca de la suerte
que lo dejó abandonado.
Aunque iba un poco mareado
su bicicleta montó,
pero a donde se marchó
no se lo puedo decir,
quien sabe si fue a dormir
o con sus penas se ahogó.

Cantando triste.

Cantor campestre, madrugas a regalar tus poesías.
Generoso, dadivoso, a todos quieres cantar.
Tu música excepcional deleita todos los días,
pero hoy escucho un clamor que nos transmite pesar.

Madrugaste demasiado, casi no dormiste nada.
Estás inquieto y ansioso, pero tu canto persiste,
porque tú quieres que escuche todo el mundo tu tonada.
Hoy tu canto es diferente porque estás cantando triste.

Ya sé, tu canto denuncia por qué te sientes herido;
alguien derribó tu casa que hiciste con tanto amor
y solo puedes hacer que tu clamor sea esparcido
por el viento, tu correo, y todos vean tu dolor.

Hoy tu canto no es alegre, ya sabemos la razón.
Compartimos tu dolor. Perdiste más que tu hogar.
Un crimen se ha cometido y no hay justificación.
Quizás tus hijos murieron y lloras con tu cantar.

El día se viste de gris compartiendo tu amargura.
Y la luz del sol no brilla porque ha sentido tu ira.
Pero tendrás otra casa e hijos de tu ternura.
Y volverá la alegría, sinsonte, a llenar tu lira.

Viajó para regresar.

Maikel, tu querida madre viajó para verse un día,
el día que todos deseamos, al regresar de su viaje,
liberada para siempre, vestida de un nuevo traje,
que siempre podrá lucir, de esperanza y alegría.

Viajó involuntariamente, y por ello no sabía
cuánto tiempo pasaría hasta poder regresar.
Será un regreso glorioso. Que importa si han de pasar
los días, los meses, los años. El regreso es garantía.

Maikel, tu madre querida, regresará rebosante
de alegría cuando te vea, repleta de gratitud
mientras que dure la vida, y tendrá la juventud
gloriosa y la libertad, la que nunca tuvo ante.

Tendrá una visión profunda para mirar adelante.
y con hermosos motivos a los nuevos horizontes
que ofrecen lo que sí es vida en los llanos y en los montes.
donde habrá mucho que hacer ¡obras tan gratificantes!

Ya no contará el pasado con sus recuerdos oscuros.
Ya no habrá dolor ni muerte. Y el monstruo de la vejez
en la ejecución divina se marchara de una vez,
y el triunfo sobre la muerte, nos hará un mundo seguro.

Redujo la muerte a nada.

Nuestro Maikel, muy amado,
nos duele que estés herido
por lo que te ha sucedido,
pero estamos a tu lado.
Profundamente angustiados
estamos hermano mío,
sintiendo el escalofrío
que sacudió tus entrañas,
y aunque tu pecho se baña
de lágrimas, tienes brío.

Con una vil estocada
te han herido en lo profundo,
obra del Dios de este mundo
que ha de ser desbaratada.
Muy pronto verás su espada
partida en diez mil pedazos.
Y sus poderosos brazos
llegarán a ser espuma
cuando el juicio los consuma
y no encontrará reemplazos.

Es verdad, la muerte es dura,
pero no nos intimida,
puesto que ya fue vencida
por la primera criatura.
Jesús, de la sepultura,
e levantó victorioso,
feliz y lleno de gozo,
por la victoria alcanzada;
redujo la muerte a nada
y la comparó a un reposo.

Pronto la muerte y el hades
van a desaparecer,
Satán dejará de ser
autor de calamidades.
Ya no herirán las crueldades
el corazón del humano.
Y ningún dolor tirano
será más causa de llanto
porque el altísimo santo
lo quitará con su mano.

Es el mayor enemigo
que el hombre ha experimentado,
y es la paga del pecado
que el humano trae consigo.
No obstante ese gran amigo
que por el hombre murió,
de sus garras nos libró
con su sangre derramada
para reducirla a nada
con Satán en Meguidó.

Ya tú sabes que el poder
del rey muerte fue quebrado
por aquél sacrificado
que al mundo supo vencer.
Ya no podrá retener
a los muertos en prisión.
Porque una liberación
a los difuntos augura
cuando la gran sepultura
se abra en la resurrección.

Usa tu lengua Apropiadamente.

Usa tu lengua al hablar,
solo para hacer el bien,
no como el Diablo en Edén
la usó para asesinar.
Úsala para sanar
a cada herida inflingida
por los golpes de la vida
que indiscriminadamente
nos hieren profundamente
cuando no hay otra salida.

Usa tu lengua animando
al amigo, al compañero,
pero úsala con esmero
y estarás edificando.
Usa tu lengua contando
de las virtudes que tenga,
y corta la idea que venga
de hablar solapadamente;
córtala inmediatamente
y haz que la paz se mantenga.

Úsala amigo, primero,
para exaltar cualidades,
y no las debilidades
de tu amigo o compañero.
Mira que siendo sincero,
cada uno sabe que tiene,
una lucha que no viene
del mundo del exterior,
está en su propio interior,
dentro de tus propios genes,

Pregúntale a tu conciencia,
que está dentro de tu pecho,
por todo lo que tú haz hecho
a través de tu existencia.
Reflexiona y ten clemencia
cuando fallan los demás,
usando en forma eficaz
la lengua para sanar
y no para murmurar
complaciendo a Satanás.

Si, es bueno que razonemos
en que somos vulnerables,
y que no somos culpables
de la herencia que tenemos.
Si en algo ayudar podemos,
hagámoslo felizmente.
Pero siempre ten presente
que todos hemos sufrido
luchando a brazo partido
contra el pecado inherente.

Dos enemigos.

Yo tengo dos enemigos,
dos gigantes en batalla,
que no pretenden matarme,
se gozan con el que falla.

Son peritos en la guerra;
llevan más de seis mil años
en una lucha feroz
usando muchos engaños.

Uno está dentro de mí,
sus armas son muy sutiles,
el otro en mi rededor
lanzándome proyectiles.

El enemigo interior
que pelea dentro de mí,
sus armas son mis deseos,
inclinaciones de aquíu.

El enemigo exterior
es experto en hostigar,
más bien que verme morir
desea verme claudicar.

Este cruel acusador
se esfuerza constantemente
en cansarme y que no sirva
a quien me ama tiernamente.

Usa el agente interior
para que me desanime
haciéndome ver que soy
un mero polvo que gime.

Es cierto que yo soy polvo,
puesto que de él fuimos hechos,
pero por fuerza divina
sigo en el camino estrecho.

El monstruo que llevo dentro
quisiera hacerme mentir
y luego por mi pesar
los dos se iban a reír.

Quiere que robe, codicie,
que me ensalce, muchas cosas,
pero agradar a mi Dios
es la cosa más hermosa.

Este enemigo implacable,
que mora dentro de mí,
me anima constantemente
a hacer lo que aborrecí.

Quisiera hacerme volver
a ponerme el viejo traje,
pero lucho tenazmente
para que no me rebaje.

Es enemigo inherente
de toda la humanidad
haciendo que el mundo marche
por la senda de maldad.

Es amo sobre la gente
que no sabe liberarse
y la conduce a la muerte
a donde polvo se hace.

El otro enemigo es
mucho más inteligente
porque engaña a las personas
con el don de "buena gente".

Les hace ver que el dinero
es un refugio confiable,
que con él vienen placeres
y una vida muy estable.

Le hace ver que el popular
tiene muchas amistades,
y la victima no entiende
que todas son vanidades.

Proporciona tentaciones
como lo hizo con Jesús,
y podríamos tropezar
si nos faltara la luz.

Este enemigo tirano,
que tiene al mundo cautivo,
es mentiroso, asesino,
es un verdugo opresivo.

Jesús lo identificó:
"el padre de la mentira,
el Gobernante del mundo,
desde el principio homicida".

Es el genio del engaño
por eso se llama "Diablo";
"Satanás: opositor",
y es poco lo que del hablo.

Está furioso y tratando,
cual león devorador,
de impedir que los humanos
le sirvan a su Creador.

Su tiempo está reducido,
su gobierno se termina,
y quiere que nuestro hogar
la tierra, valla a la ruina.

Pero afortunadamente,
aunque incremente su guerra,
llegó el tiempo de arruinar
a los que arruinan la Tierra.

También el otro enemigo,
el que opera interiormente,
igual será eliminado
a su tiempo justamente.

Es el monstruo del pecado,
como el sepulcro, insaciable.
¡Nos deja tantas heridas!
pero todas son curables.

Hay un tiempo programado,
dedicado a restaurar
las heridas del planeta
y al hombre rehabilitar.

El programa es de mil años,
desde la liberación,
y todo el que sea obediente
obtendrá la perfección.

Por fin ya la tierra limpia,
sin el diablo ni el pecado,
sin los inicuos demonios,
los tres fueron sepultados.

¿Verdad que valía la pena
resistir la tentación,
y haber seguido sin tregua
la guerra contra el Dragón?

El mar de la mentira

En el mar de la mentira el mundo va navegando,
y su capitán borracho está en el puente de mando.

Este es un mar peligroso a pesar de ser profundo,
con sus escollos ocultos que aparecen a segundo.

También sus olas violentas, de bastante variedad
están golpeando la nave con extrema brusquedad.

La depredación sexual está produciendo pánico,
es una ola monstruosa, fruto de un mundo satánico.

Niños y niñas tomados como objetos de placer.
¡Actos tan crueles merecen sanción con todo el poder!

¡Es horrendo! ¡Que ignominia, de hombres endemoniados!
¡Una ola de aberración por cerebros deformados?

La nave se está averiando por otra ola de asalto
y de violencia extremada, que no se le pone alto.

El soborno aterrador ya es una ola también
que hace que la gente mire la justicia con desdén.

Por eso en algunos casos, si la justicia no opera,
obrando enérgicamente, la muchedumbre no espera.

Toman la ley en su mano, haciendo otra fechoría,
matan o queman al pillo, ¡Que espanto! ¡Que sangre fría!

Este es un mar de violencia, como de un fuerte ciclón,
con olas tan destructivas, como la drogadicción.

El mal uso de la droga está causando la ruina
a millares de familias como una bestia asesina.

Es un pulpo gigantesco, un imperio solapado,
sus tentáculos han ido al lugar mas apartado.

¿Qué hay de la pornografía? Otra ola criminal.
que embate los corazones destruyendo lo moral.

Logra deformar la mente, cual plaga hostil al terreno
haciendo que lo corrupto sea visto como algo bueno.

También su mano de hierro, no libera fácilmente,
y está minando el planeta desde Oriente hasta Occidente.

Suele dividir parejas, y abundan los testimonios,
que no respeta la edad que tengan los matrimonios.

Pero quiere el Dio de amor llamar a la reflexión
a todos los implicados, que limpien su corazón.

El les brinda el agua viva para que limpien su mente,
y su espíritu, su fuerza, contra el pecado inherente.

Está haciendo un llamamiento a los que quieran cambiar,
no importa lo que hayan hecho, él los puede perdonar.

Jesús derramó su sangre preciosa en aquel madero,
por todos, no importa quién, pero se vuelva sincero.

Solo hay quc volverse a Dios, mediante el conocimiento
de su palabra y que vea genuino arrepentimiento.

Nos ama, nos da la vida, no quiere que nadie muera.
el desea que disfrutemos de la vida verdadera.

En un mundo sin dolor, sin odio ni divisiones,
la vida que lo es realmente en optimas condiciones.

Si perdonó a Manasés, un idólatra asesino,
es prueba de que perdona a quien deja el mal camino.

El es misericordioso, pero odia la violencia,
y les extiende su mano a los que piden clemencia.

Puede confiar plenamente en su amor cualquier persona,
que a pesar de sus errores si es humilde lo perdona.

Los consejos de la Biblia nos conducirán al bien
transformándonos la mente para vivir en Edén.

De lo contrario en el mar de la mentira y engaño
quedarán a la deriva con su capitán de antaño.

Recuerden que esta borracho, fallará su dirección,
y se hundirá en la tormenta final del Armagedón.

Mi libro será mi será mi voz.

Será mi voz este libro, cuando yo no pueda hablar,
comunicando mensajes de esperanza y alegría,
sin tregua a los cuatro vientos para con el consolar
a tantos en este mundo que están sufriendo día a día.

Mi libro será mi voz, transmitiendo de la fuente
de la vida los consejos que den animo al cansado,
y fuerzas para luchar con optimismo ferviente,
como el sol con su calor mantiene todo animado.

Si tuviera que dormir en el hades por un tiempo,
este seguirá por mí alumbrando corazones.
con la luz de aquel lucero que ilumina el pensamiento.
Si, tú seguirás hablando por mí en todos los rincones.

Tus páginas se abrirán. Anunciarán describiendo
el brillo de la justicia del mundo de amor eterno.
Que habrá una liberación para los que están gimiendo,
¡que los inicuos se irán con todo su mal gobierno!

Serás trompeta anunciando, y que te escuchen bien lejos,
el fin de los opresores, de la miseria y la guerra,
fin de la muerte y el odio; volver a joven los viejos;
para la vindicación de Dios en toda la Tierra.

Si expiro sin ver el fin de la obra de predicar,
tú continuarás amigo, como colaborador,
mostrándoles el camino que todos deben tomar,
es la senda de la vida: el camino del amor.

No podré alabar a Dios con mis labios silenciados
si mi aliento terminara antes que llegue su día,
pero lo harán de continuo mis versos, en ti plasmados,
de modo que aun sepultado activo continuaría.

Mis amigos te usarán, y con ellos viajarás,
y tus páginas abiertas, a las curiosas miradas,
como el agua refrescante al sediento animarás;
por tu franca exposición almas podrán ser salvadas,

Serás un fiel mensajero con tu mensaje animando
a tanta gente oprimida que abundan en todas partes,
sin esperanzas ni gozo, que se les ve desmayando.
Tus versos contienen vida. No vallas a retractarte.

A mi familia y amigos llegarás primeramente,
pero no hagas acepción de raza, clase o color,
todos merecen la vida, aunque nadie es inocente;
la esperanza es para todos, así lo dicta el amor.

Si la muerte interrumpiera el curso que me he trazado,
¡que triste no continuar hablando de tantas cosas
bonitas en el futuro a quienes han escuchado
y que luchan por asirse de esa vida tan hermosa!

El no poder alabar al Creador del universo,
es un pesar tan inmenso como el sentirse expirar,
¡cuánto más si no pudiera ensalzarlo con mi verso
por dormir profundamente hasta el día de despertar!

¡Que no descanse tu mano en esparcir la semilla.
El mundo debe saber que hay una oportunidad,
una puerta bien abierta hacia un mundo sin mancilla.
Háblales de su Creador, del Dios de la libertad.

Si, sigue, sigue esparciendo esa semilla dorada
que algunas se plantarán en el terreno excelente
y brotarán opulentas en su tierra bien regada
con agua pura y su fruto alabará al Dios viviente.

Háblales del gran amor con que Jehová nos ha amado,
del sacrificio supremo del Cristo por los humanos.
Diles del Mundo Feliz, y diles que se ha acercado,
donde los mansos florezcan, donde no existan tiranos.

Como los fieles profetas, que desde el polvo su voz
en su mensaje escuchamos, yo seguiré repitiendo
lo que ellos nos enseñaron: el fin de este mundo atroz,
oscuro, y al Mundo Justo ya se le ve amaneciendo.

Proclama, amigo, proclama, corresponde como amigo.
Anuncia, anuncia al gobierno que pondrá fin a la muerte.
Quiero que lo hagas por mí, si no estuviera contigo.
Mi libro tu eres mi voz, anúncialo pero fuerte.

Que nadie quede ignorante de la venganza Divina
Que todos sepan que Dios hará del suelo un lugar
paradisíaco y eterno para quien con el camina,
pero limpiará la Tierra del que no quiera escuchar.

Hablar de su inmenso amor, de su bondad y paciencia,
de sus tratos, su creación, de su gran benignidad,
como sus representantes, ministros de su Excelencia,
es privilegio inefable, amemos la integridad.

Al llegar la primavera.

Juega la brisa en la rama,
sobre esa verde corona,
como niña retozona
alegre sobre su cama.
Y en un bello melodrama
cada ave con su pareja
tal parece que festeja,
en un ambiente nupcial,
la época primaveral
cuando el invierno se aleja.

Las abejas ingeniosas,
ejemplos de abnegación,
buscan la miel con tesón
como obreras laboriosas.
Brigada que no reposa
trabajando noche y día,
preparando con maestría
los panales favoritos,
de sabores exquisitos
que producen alegría

Experto diseñador.

La creación inanimada
alaba constantemente
al Creador omnipotente
por su ciencia reflejada,
en la creación desplegada
en la zona universal,
con un talento especial
de sabiduría insondable
y sendas inescrutables
para el hombre terrenal.

Es impresionante ver
tal despliegue de talento
adornando el firmamento
desde el mismo anochecer.
Mirar al cielo es placer
con sus millones de estrellas,
como singulares huellas
de un perfecto constructor
que nos refleja su amor
en expresiones tan bellas.

Cien mil millones están
brillando en nuestra galaxia
y por su exquisita gracia
para siempre alumbrarán.
Con su gloria alabarán
al creador eternamente,
quien nos ama tiernamente
y lo prueba su creación
que nos llena el corazón
muy satisfactoriamente.

Sinnúmero de millones
de galaxias que vindican
a Dios y lo glorifican
por sus bellas dimensiones.
Y tantas constelaciones,
lámparas ornamentales.
Soles que son colosales,
muy diferentes al nuestro,
hablan del genio maestro
con virtudes especiales.

Ciento cincuenta millones
de kilómetros distamos
del sol y nos calentamos
con sus doradas raciones.
Cada vez que el sol se pone,
en su viaje al occidente
nos deja el suficiente
calor para continuar
vivos y así reanudar
la jornada al día siguiente.

A mil ochocientas millas
por minuto se desplaza
la Tierra y nunca se atrasa
ni siquiera una cuartilla.
Su ruta es la maravilla
que nos trae las estaciones.
Diferentes condiciones,
climáticas en el viaje
mientras que le da hospedaje
a más de seis mil millones.

Si esta gran velocidad
disminuyera algún día
la vida perecería
con toda su variedad.
Si aumentara, la frialdad
haría un yermo desolado
de este planeta ubicado
a la precisa distancia
de ese sol para la estancia
de todo lo que se ha creado.

La Tierra en su inclinación
de veintitrés coma cinco
grados nos trae con ahínco
el día de cada estación.
Para darle variación
al sabor del tiempo eterno,
nuestro Dios, por amor tierno,
nos regaló de su mano
la primavera, el verano,
el otoño y el invierno.

Nos llega la primavera
a fertilizar el suelo,
como el enviado del cielo,
con gigante regadera.
Cae la lluvia de manera
que moja cada rincón
de la Tierra en atención
a cada huerto sediento
proporcionando alimento
a toda la población.

Todos los campos florecen,
las aves hacen sus nidos
y los polluelos nacidos
con amor los abastecen.
Los árboles reverdecen
al cambiarse de ropaje.
mientras que sigue su viaje,
en su ruta hacia delante
la Tierra luce elegante
el verdor del nuevo traje.

Luego el verano caliente,
época de vacaciones,
proporciona condiciones
para viajar al Oriente.
Las playas, amablemente,
brindan sus aguas soleadas
a innumerables bandas,
cual gaviotas optimistas,
de millones de turistas
que gozan la temporada.

Es la época dorada
de viajar y conocer
en los viajes de placer
con nuestra familia amada.
Visitar bellas cascadas,
lagos, montañas, jardines,
y contemplar los delfines,
como excelentes actores,
las aves multicolores
y sus canciones afines

Llega el otoño, tercera
estación que nos visita
con variedad exquisita,
refrescante y lisonjera.
Con destreza de primera
va tumbando cada hoja
hasta que en total despoja
de su abrigo cada rama
para formar una cama
donde el insecto se aloja.

Bajo esa húmeda cama
un micro mundo florece
a donde el insecto crece
en una variada gama.
Allí también se proclama
alabanza permanente
al creador omnisapiente
por la inmensa variedad
y manifiesta bondad
en la misma eternamente.

Llega el invierno sombrío,
ocultando su belleza,
es como si la tristeza
despertara con el frío.
Tal parece que los bríos
del hombre y los animales
aminoran por iguales
mientras la nieve se impone
con pésimas condiciones
en lugares invernales.

La creación inanimada
tiene un millón de razones
para tantas expresiones
de alabanzas bien fundadas.
¡Cuánto mayor la elevada
creación a imagen de Dios!
Debía de a una sola voz
gritar a plena potencia,
¡Viva quien nos dio existencia!
¡Viva quien tanto nos dio!

Reflexionemos en esto.

Científicos instruidos
con excelsa educación
dicen que la evolución
al universo ha erigido.
Y dicen que el hombre ha sido
también formado por ella.
La luna, el sol, cada estrella,
y todo lo material
con sabiduría genial
y organización tan bella.

Pero quiero preguntar,
sin socavar su talento,
¿Quién le dio origen al viento,
puso linderos al mar?
¿Quién al sol hizo brillar
con energía inagotable?
¿Quién puso la Tierra estable
en su marcha universal
sin un suceso fatal
en su ruta interminable?

¿Quién fue el perfecto pintor
que con su arte exquisito
pintó cada pajarito
con su preciso color?
¿Quién le puso al Ruiseñor,
al sinsonte, al tomeguín,
en su garganta un violín
que deleita nuestro oído,
cual si fuesen instruidos
señores, con ese fin?

También, díganme, señores,
científicos prominentes
¿quién dotó tan ricamente
de perfumes a las flores?
¿Quién les dio multicolores
en tan rica variedad?
¿Quién les dio la facultad
bella de reproducción?
¿Quien seria? ¿ la evolución?
¿Seria la casualidad?

¿Quién ordenó desde antaño,
que hubiera cuatro estaciones,
diferentes condiciones
climáticas en el año?
¿Y quién precisó el tamaño
de la luna en su balanza
para que hubiera confianza,
que a tanta velocidad
tenga la seguridad
la Tierras mientras avanza?

¿Quién diseñó la medida
del sol, su luz y calor,
de su peso, su grosor,
y distancia requerida
para el sostén de la vida
con todos sus pormenores?
¿Quién sabía que los sabores
para nuestro paladar
nos iban a deleitar,
las frutas, y sus colores?

¿Quién planificó tan bien
el volumen de esta nave,
peso exacto, si lo sabe,
nos dio vida y su sostén?
Díganme, señores, ¿Quién
atiende la dirección
de este planeta en acción
a súper velocidad?
¿Quién es la casualidad?
¿O será la evolución?

¿Quién ordenó que saliera
el sol al amanecer
y le dio el atardecer
para que se despidiera?
¿Quién ordenó que viniera
la noche para cesar
el trabajo y descansar
para que en el nuevo día
tengamos más energía
y podamos continuar?

¿Quién ordenó que la luna
hiciera subir el mar
para hacer fertilizar
las tierras una por una?
¿Quién hizo que en la laguna
crecieran peces variados,
sin que haya participado
el hombre en su producción,
con la mejor atención
para ser multiplicados?

¿Quién fue el pintor singular
que por su ingeniosidad
pintó tanta variedad
de peces que hay el mar?
¿Quién les colocó un radar
a millones de bandadas,
de ciegos, que no ven nada,
de murciélagos que pasan
veloces y que traspasan
difíciles alambradas?

¿Quién ordenó a cada río
a que corran hacia el mar
sin que veamos derramar
sus aguas, amigos mío?
¿Quién amontonó ese frío
que hizo montañas de hielo?
¿Quién prendió la luz del cielo
sin temer que la energía
valla a terminarse un día?
¡De pensarlo me desvelo!

¿Quién le dio tanta visión
al monarca de los cielos
que sin usar espejuelos
divise a tanta extensión?
Minis telescopios son,
de finísimo cristal,
los ojos de este animal
que a la distancia de mil
pies localiza un reptil
para el águila imperial.

¿Quién les dio el entrenamiento
para la navegación
aérea con precisión
de excelentes instrumentos
a las aves que en su intento
de procrear seguras vuelan,
tan expertas que revelan,
sabiduría insuperable,
hasta su lugar deseable
a donde anidar anhelan?

Miles y miles de millas
desde su lugar de origen
hasta donde se dirigen
vuelan estas avecillas.
¿Quién hizo estas maravillas,
que reconoce la historia,
de poner en su memoria
el instinto o el patrón,
de perfecta orientación
de cada ave migratoria?

¿Quién le dio al salmón la guía
para nadar hasta allá
y luego volver acá
de donde partiera un día?
Una inmensa travesía,
continente a continente,
desafiando la corriente
luego llevarse por ella
hasta las aguas aquellas
que serán su recipiente.

Nadan del mar hacia el río,
como a un hospital materno
a donde les dan su tierno
calor a miles de críos.
Allí recobran los bríos
para luego regresar
dispuestos a desafiar
a los osos indolentes
que con afilados dientes
los quisieran devorar.

La hormiguita laboriosa,
que es tan insignificante,
¿quién la enseñó a ser constante,
tan ordenada e industriosa?
En su trabajo es celosa
y no descansa su mano.
Prepara todo temprano
para de hambre no morir
porque ella suele surtir
a su casa en el verano.

Científicos prominentes,
de brillante educación,
¿reconocen la creación,
o a ese proceso sin mente?
Yo no creo que algo inconsciente,
y sin personalidad
tuviera la facultad
de surtir en abundancia
la Tierra para la estancia
de su amada humanidad.

La Tierra eterna viajera

La tierra, eterna viajera,
en su interminable viaje
con todo el gran equipaje
de la maza pasajera.
En su vuelo de primera
con todas las provisiones
de más de seis mil millones
de pasajeros a bordo,
entre ellos flacos y gordos,
malos, justos y bribones.

Lleva una rica despensa
de frutas y vegetales,
aves, peces y animales
de una población inmensa.
Y el agnóstico no piensa
en que un excelso anfitrión
hizo esta gran provisión
de variados alimentos,
¡tan ricos, y el lanzamiento
de esta nave a perfección!

Lleva en sus lomos los mares
como acuáticos estantes
de peces chicos, gigantes,
y montañas de corales.
También sus grandes glaciares
de piel blanca congelada,
como colchas estiradas
sobre un gigante dormido
de tanto viajar rendido
en su nave sin parada.

¡Verdad que es un privilegio
poder conocer a quien
hizo las cosas tan bien
para nuestro refrigerio!
Nos enseña en el colegio
de la vida y da esperanza,
en dos aulas de enseñanza:
su palabra y su creación;
y su excelsa educación
nos forma a su semejanza.

Si ves el fondo del mar,
¡tanta belleza que encierra!
sucede como en la tierra
que no se pueden contar.
Todo ello deja expresar
talento superlativo
y diseño progresivo
de sabiduría insondable
con patrones invariables
del genio legislativo.

¿Qué es un patrón invariable?
Es la firmeza de ley
como el mandato de un rey
que no ha de ser cuestionable.
La ley divina es estable,
no admite parcialidad.
Ejemplo: la gravedad,
quien la quiera desafiar
le va a tener que pagar
bien cara su tontedad.

Cuando un niño es concebido
han de pasar nueve meses,
durante ese tiempo crece
felizmente allí en su nido.
Pero cuando se ha cumplido
el tiempo de gestación,
amanece la ocasión
feliz de su nacimiento,
sin esperar ni un momento
más hace su aparición.

También nacen los cerditos
con muchísima alegría,
en tres meses veinte días
y treinta los conejitos.
En este orden exquisito
todo está planificado.
Y el carácter heredado,
también genéticamente,
prueba irrefutablemente,
de que todo ha sido creado.

Sueño Maravilloso

Señora si tú pudieras
r a tu época rosada,
serías muy privilegiada
Al verte como tú eras.
sin duda la primavera
de tu linda juventud,
actuando con prontitud,
con espíritu, con ganas,
sin arruguitas ni canas,
rebosante de salud.

En esos días de ilusiones,
de sueños y fantasías,
no pensaste que tendrías
algún día preocupaciones.
Que no habría complicaciones
resistiendo a la entereza.
Ni sentirías la tristeza
de comenzar a perder
la habilidad, el poder,
y ver menguar tu belleza.

Quizás soñaste con una
casa rodeada de flores,
con los jardines mejores
y una brillante fortuna.
O soñaste que la luna
te regalaría su gloria,
para anotarte en la historia
de las que no morirán
porque un día conquistarán
la más hermosa victoria.

Viste en tu imaginación
de tu mente jovencita
una pantera mansita,
un leopardo y un león,
jugueteando en tu mansión,
o saltando en el jardín;
muy feliz el paladín
de la fauna, muy amable,
con todos muy amigable,
sin que se le tema al fin.

Las aves multicolores,
también el ave canora,
entonaban cada hora
sus mil canciones de amores.
Como rindiéndote honores
en una espesa armonía,
tuviste en la compañía
de un gran concierto silvestre
mientras la brisa campestre
esparcía su melodía.

Sueñas con una cascada
donde bañarse fascina
en su agua cristalina
pura, no contaminada.
con tu energía renovada,
feliz en todo momento,
sin que halla un pensamiento
que entristezca el corazón
cuando ni en conversación
aparezca el sufrimiento.

También soñaste con ser
siempre joven, muy hermosa,
natural, porque esta cosa
le preocupa a la mujer.
Pero si, podrás tener
plena juventud sin fin,
cantar como el tomeguín
de la bufanda dorada,
porque ve su tierra amada
convertida en un jardín.

Y soñaste un día tener
aquel esposo ideal,
que siempre fuera leal
y te supiera querer.
Tener hijos que al crecer
no tuvieran que sufrir,
sin que tuvieras que oír
algo que te perturbara
y que vieran en tu cara
siempre el amor sonreír.

Soñando pudiste ver
al cojo sano corriendo,
como al ciego, feliz viendo
al mudo hablar con placer.
Un sublime amanecer
para el sordo que sanó
y el manco que recobró
la mano que le faltaba
cuando una voz anunciaba:
¡la resurrección llegó!

Por este medio también
viste a tus seres amados
dormidos en el pasado
despertar en el Edén.
Supiste quien era quien
porque ellos te conocían.
Pero a la vez que volvían
sin ninguna enfermedad
por su personalidad
todos los reconocían.

En el sueño también viste
viejos rejuvenecer,
y sus arrugas perder
mientras su piel se reviste.
Se fue la canicie triste,
como señal de vejez,
y aquel indolente juez,
sin clemencia ni virtud,
se rindió a la juventud,
imperio de solidez.

Todo eso y mucho más
veremos en el futuro,
en ese mundo seguro,
lleno de amor y de paz.
Donde no este Satanás
ni sus secuaces tiranos,
influyendo en los humanos
porque estarán en prisión
hasta que su ejecución
la disponga el Soberano.

Un sueño maravilloso
que se hará una realidad
por la infinita bondad
del Dios todopoderoso.
Cristo enseño sin reposo
esta esperanza en la Tierra.
Y todo aquel que se aferra
a la educación divina
la esperanza lo fascina
porque ya no habrá más guerra.

¿Extraño pensar así?
eso es lo mas natural
porque el Creador celestial
nos creó para estar allí,
en un paraíso feliz,
donde la vida realmente
es la vida diferente,
con todo lo que deseamos,
porque constante anhelamos
poder vivir para siempre.

Así señora que aquella
gran casa con sus jardines
y sus bonitos confines
lucirá mucho más bella,
el día que vivas en ella
con todo esto que ha soñado;
si escogen ser refugiados
en el refugio de amor
del magnifico instructor
que estará siempre a su lado.

Mujer, Regalo Divino.

¡Que bella son las mujeres!
¡Que flores tan agradables!
Son refrescantes y amables
al cuidado de sus seres.
Donde está la mujer, mueres,
tú, tristeza, y tú, desdén.
Con su presencia, también,
huye el desorden atroz,
y nos deleita su voz
cuando la escuchamos bien.

Mujer, regalo divino,
que el hombre debe cuidar,
amarla sin denigrar
del carácter femenino.
La mujer y su arte fino
es un bello amanecer.
Sol que nos da su placer
con bellísimos encantos,
y nos deleitan sus cantos
de amor que nos dan poder

Decir "mujer" es pregón
de lo bueno y de lo hermoso,
del amor, del alborozo:
una sublime expresión.
Mujer, es la inspiración
de ternura en el planeta,
del pintor y del poeta
que insisten en describir
su arte de sonreír
y su persona completa.

"Mujer", es algo profundo,
sumamente poderosa,
y suave como la rosa
mas bella que halla en el mundo.
Es capaz de en un segundo
resolver algo en su mente.
mientras que el hombre paciente,
es acción; distinto a ella,
quizás recordando aquella,
Eva, ¡tan inteligente!

Mujeres, pienso de modo,
que merecen lo mejor:
cariño, encomio y amor.
atención, comprensión, todo.
Aunque algunos hacen lodo
del constante denigrar
de ustedes, sin olvidar
que nacen de una mujer
y tienen que recoger,
lo que han sabido sembrar.

Con la miel y la mujer
puede embriagarse cualquiera
porque endulzan de manera
que emborrachan de placer.
Cada hombre debía saber
conquistar su simpatía,
su dulce amor cada día,
todo el tiempo enamorado
de la que lucha a su lado;
y más correspondería.

Si recibimos honor
y cariño diariamente,
estaremos más anuentes
a prestar algún favor.
Pues siendo hija del amor,
la mujer, en realidad,
tiene más necesidad
de la bondad, del afecto,
que minimizan defectos
y edifican la lealtad.

Lograr un jardín hermoso,
que deleite su belleza
requiere gran entereza
en trabajar sin reposo.
Lo mismo debe el esposo,
sabio, amarla con vehemencia,
para no sentir carencia
de cariño ni de amor
y conservar una flor
de bellísima presencia.

Es por su delicadeza
en su arte femenino
digna de un trato genuino
que realce su belleza.
maltratarla no es grandeza,
gritarle con amargura,
así pierde la frescura
que tienen las flores bellas
y se empañará la estrella
que brilla con su ternura.

Ensalza su dignidad,
no socaves su autoestima,
inyéctale amor que anima
y tendrás felicidad.
Usa tu capacidad
viril sabiéndola amar,
siendo presto al escuchar,
algún capricho tal vez,
pero préstale interés
que ella sabrá compensar.

Cuando se habla de mujer.

Cuando se habla de mujer,
se habla de algo excepcional,
de una creación especial,
delicadísimo ser.
En ella podemos ver
reflejándose el candor
del excelente Creador
que trazó sus cualidades
para todas las edades
desde un nivel superior.

Decir mujer, es decir
un sinnúmero de cosas,
tan delicadas y hermosas,
que nos inspiran vivir.
Mujer es el sonreír
de este joven planeta.
Es la sustancia completa
que da sabor a la vida,
y es la inspiración florida
del corazón del poeta.

Creo que la mujer en sí
representa la ternura,
el cariño y la dulzura
que hacen al hombre feliz.
La mujer tiene un matiz
de cosas que nos complacen.
De virtudes que deshacen
el pesar con su calor
y cuando nos da su amor
la paz y el gozo renacen.

Mujer es bello jardín
desde invierno a primavera
con fragancias de primera
y de flores un sinfín.
La mujer es paladín
de lo bello y delicado.
Y la mujer ha logrado
por sus bellos atractivos
ver a gigantes rendidos,
a sus pies enamorados.

Su mirada y su sonrisa,
su dulce voz y su aliento,
amor arte y pensamiento
son como la suave brisa.
Todo lo suyo armoniza
tan perfectamente bien,
que con ella no hay desden,
sin la mujer no hay placer,
prueba de que la mujer
se origino en el Edén.

La mujer es una flor.

La mujer, generalmente,
es tierna, dulce, muy bella;
luce como cada estrella
que alumbra en el continente.
La mujer es eficiente
en cumplir cada tarea,
sin importarle que sea
cualquier día de la semana,
comienza bien de mañana
y esto nunca la hace fea.

La mujer es una flor
delicada en el hogar,
y se le debe tratar
con gran ternura y amor.
Debía sentir el calor
afectivo del esposo
diariamente, cariñoso;
que se sienta realizada
sin ver en una jornada
ningún trabajo tedioso.

Tiene tantas cosas buenas,
que es como un bello jardín,
donde hay gardenias, jazmín,
rosas, clavel, azucenas.
Se marchita si una pena
le lastima el corazón.
Como las flores que son
de extrema delicadeza
las empaña la tristeza
por una desilusión.

El arte de seducir
está en ella al cien por ciento,
con sus gestos, movimiento,
y su dulce sonreír.
Su mirada, hay que admitir,
que tiene efecto especial;
si la usa para hacer mal,
nos recuerda a la Hiroshima,
donde una bomba asesina
hizo un daño sin igual.

Es este jardín andante
tan perfumado y hermoso
delicado y poderoso
como regio comandante.
Un ejemplo descollante
lo hallamos en el amor
que sintió el conquistador
Marco Antonio cuando vio
a Cleopatra y se rindió
a los pies de aquella flor.

Sin disparo ni estocada,
un ejército aguerrido,
quedó completo rendido
ante una dulce emboscada.
Cleopatra fue atrincherada
en su exótica belleza,
que resultó fortaleza
inexpugnable aquel día
que Marco Antonio creía
aplastarla con certeza.

Cuando Cleopatra escuchó
que venia el emperador
se vistió con esplendor
y bellísima lució.
Cual gaviota se lanzó
en un bote sobre el mar.
porque deseaba enfrentar
a Marco resueltamente,
que al verla tan reluciente
solo supo claudicar.

De modo que la mujer,
como una flor delicada,
fresca, suave y perfumada,
también tiene gran poder.
Porque ella sabe atraer,
quiero aclarar, además,
Como un cazador, quizás,
con el cebo de su arte
femenino y atraparte
que no te suelta jamás.

Como todo don perfecto
y toda dádiva buena
así la mujer rellena
con sus encantos mi huerto.
Es el regalo selecto
al hombre que ama la vida.
Es su prenda preferida
de todas sus propiedades;
por tan buenas facultades
celosamente la cuida.

Hay muchas cosas que son,
como jardines y mares,
las estrellas y lugares,
motivos de inspiración.
Pero una bella expresión
se ganó el primer lugar.
Y hay mucho que comentar
a favor de la "mujer",
al menos, mi parecer,
y usted, ¿Qué desea opinar.?

Madre símbolo de amor

Madre ¡Qué sólido amor!
¡Qué privilegiado es
el que desde su niñez
disfrute de tu calor!
Quien cuando siente un dolor
ve en tu mano generosa
la ternura de una rosa
que viene a aliviar su mal,
bálsamo tan especial:
¡sanador de tantas cosas!

Madre, es algo singular
con un cariño abundante,
como cause desbordante
de un río de amor para amar.
Nadie puede superar
ese don que te desvela;
ese espíritu que anhela
rodearte de tus polluelos,
como el monarca del cielo,
como madre, como abuela.

Madre, nido de ternura,
cuánto cariño mereces
por soportar nueve meses
en tu vientre tu criatura.
Me cuidaste con locura,
con atención extremada;
todo el tiempo preocupada
hasta el mismo alumbramiento,
cuando un feliz sentimiento
invadió tu alma cansada.

Madre, aquellos nueve meses
se volvieron aquel día
una fuente de alegría
que supera mil reveces.
Como todos, mientras crece
vienen las dificultades,
desvelos, enfermedades,
y tú de guardia a su lado
por ese amor abnegado
que no lo vence ni el hades.

Madre, tus hijos se hacen,
lo ves, hombres y mujeres,
con distintos pareceres;
sufrirás cuando se casen.
No te importará que pasen
los años, los sigues viendo
como niños y queriendo
darle atención diariamente
porque los tienes presente
aunque te estés consumiendo.

Madre, símbolo de amor
inquebrantable y eterno,
y es tu cariño materno
tan tierno como una flor.
Todo el que tenga el honor
de corresponderle a ella,
que la ame, por ser tan bella,
con lo mejor que merece
por aquellos nueve meses
que les plasmaron su huella.

Cual relámpago veloz

Cual relámpago veloz,
que sale de lo profundo,
así yo Salí del mundo,
cortante como la hoz.
Al mundo le dije: adiós,
con todo lo que ofrecía,
cuando vi que florecía
un mundo mucho mejor,
de paz, justicia y amor
que no me defraudaría.

Con una llama de celo,
prendida en el corazón,
tomé dinámica acción
en pro de mi gran anhelo.
La verdad deshizo el velo
que me empañaba la vista
y un espíritu optimista
que se aferró de mi mente
me hizo mirar fijamente
en la más grande conquista.

Mi gran anhelo era ver
un mundo sin atropellos,
y sus primeros destellos
veía en cada amanecer.
Todos deben conocer
esto, pensé emocionado.
y desde entonces lo he dado
a conocer a la gente,
que aunque es indiferente,
algunos han escuchado.

La noche.

Se marcha el día; ya llegó
su puntual atardecer,
cual fiel obrero que viene
a cumplir con su deber.

Es el relevo del día,
que se marcha a descansar
y la tenebrosa noche
viene a ocupar su lugar.

¡Oh noche consentidora
dejas que tu oscuro manto
cubra tantas fechorías
que hacen derramar el llanto!

Se te creó como instrumento
de recobrar la energía
que gastamos trabajando
durante la luz del día.

Eres el tiempo apropiado
para dormir, descansar,
pero en las horas nocturnas
la muerte sale a cazar.

Pero hay millones de ojos
de águilas en el cielo
que con visión tan profunda
ven a través de tu velo.

Como fieles vigilantes
¿Qué se les escapará?
Ejército de vigías
que informan al mas allá.

Cual testigo silencioso,
con su traje de cristal
la luna lo observa todo
con su lámpara especial.

Tu traje oscuro, ideal,
para hacer cosa oscuras:
robar, matar y violar;
todas practicas impuras.

Los que aman la oscuridad
siempre esperan tu llegada
con trampas y pillerías
que tienen planificadas.

Bajo tu manto gigante,
oscuro y aterrador,
se oculta la mayoría
de los que siembran dolor.

¡Oh noche, un dia no podrás
con tu inmensa oscuridad,
ocultar a los bandidos
encubriendo su maldad!

Por muy oscura que seas
van a pagar su desdén,
desde su trono en los cielos
los ojos del cielo ven.

El viento.

Soy el viento cariñoso.
y un hermano de la brisa.
Cuando me comporto afable
me regalan la sonrisa.

Delicadamente juego
con las hojas y las flores
y acaricio cada rostro
sin importarme colores.

Revuelvo las cabelleras
con la ternura del alba,
y juego sobre los bosques
como en los campos de malva.

Todos aprecian mi roce
y disfrutan mi frescura,
y allá, en las nubes del cielo
juego con cada figura.

Besando las aguas voy
haciendo que se desplacen;
arroyos, mares y ríos,
a mi paso se complacen.

De mañana me complazco
en revolver los plumajes
de las aves que despierto
mientras que sigo mi viaje.

Luego interrumpo al sinsonte
que en el atril de su rama,
melancólico o alegre
su música se derrama.

Me llevo del escenario
del tomeguín al pasar
esa música vibrante
de su violín singular.

Una pequeña llamita
que un fósforo prendería,
sin mi apoyo, le aseguro
que muy poco lograría.

Pero soy cooperador
con el que me necesita,
y así hago un devorador
fuego de cualquier chispita.

Cuando aquella fiera llama
cse levanta me divierto;
sin importar la espesura
del bosque, lo hago un desierto.

También esparzo semillas
con mi poderosa mano,
en el Otoño, el Invierno,
en primavera y verano.

Las llevo por el espacio,
transparente carretera,
y brotan sobre la tierra
al llegar la primavera.

En lugares sin acceso
a los hombres, han crecido
y si preguntan curiosos,
el viento las ha traído.

Por milenios participo
en la polinización,
poniendo estigma en el polen
para su reproducción.

Gracias a que participo
en esta labor hermosa,
crecen más bellas las flores
y deleita cada rosa.

Al pasar por los palmares,
con un tierno movimiento
danzan sus pencas alegres
con la música del viento.

Sigo mi viaje constante
recorriendo todo el mundo,
pero también hago mal
con espíritu iracundo.

Según soy de cariñoso
y me gusta juguetear
cuando me pongo violento
quiero con todo arrasar.

Del mar levanto las olas,
mis fascinantes juguetes,
destruyo puertos y naves
con mis potentes cohetes.

Derribo bosques y casas,
como experto destructor,
arrancando árboles grandes
con un ruido aterrador

Levanto los automóviles
como simples papelitos,
estrellándolos con furia,
sean grandes o pequeñitos.

Casi siempre uso la lluvia;
es mi fuerte compañera,
para derramar los ríos
que inundan cada pradera.

Causamos grandes estragos,
un sufrimiento sin nombre,
por el gran desequilibrio
que ha proporcionado el hombre.

Esta gran ecología
ha sufrido mucho daño
por lo que tantos desastres
aparecen cada año.

Y mientras que no se curen
las heridas del planeta,
yo sigo mi recorrido
como el invisible atleta.

Recuerden que soy el viento,
el hermano de la brisa,
que mientras soy cariñoso
les disfruto la sonrisa.

Pero cuando soy tormenta,
algún ciclón o tornado,
me temen mucho, me odian;
por los daños que he causado.

Pero yo no soy culpable,
esa no fue mi misión,
el responsable es el hombre
de tanta desproporción.

Cuando el planeta se sane
no les causaré más daño
y mi agradable misión
satisfará todo el año.

El trabajo es don de Dios.

El trabajo es don de Dios,
así lo debemos ver
y nunca, jamás, creer
que por castigo se dio.
Fue el hombre quien se buscó
el trabajar con pesar,
por no querer aceptar
la dirección del Creador
y hoy se cosecha el dolor
que solo supo sembrar.

Los buenos trabajadores
nos aportan mucho bien,
mientras los demás también
disfrutan de sus labores.
Por ejemplo, constructores
de cruceros y de aviones
optimizan condiciones
para que puedas viajar
con tu gente y disfrutar
excelentes vacaciones.

Hay muchas cosas hermosas,
como cascadas y ríos,
las playas, que en el estío
tú seguramente gozas.
También buenísimas cosas
que el hombre ha contribuido
para darle colorido
embelleciendo el lugar
y te sientas al llegar
de turista: ¡Bien venido!

Mira los buenos hoteles
debidamente equipados
por hombres calificados
a diferentes niveles.
¡Y que ricos los pasteles
que hacen manos eficaces!
Seguro que te complaces
al comértelos, ¿verdad?
gracias a la habilidad
del obrero que los hace.

Trabajar honradamente
al obrero dignifica,
aunque mucho se critica
por la persona indolente.
Hay que edificar la mente
con espíritu optimista,
limpiándose bien la vista
para ver lo que han logrado
los obreros abnegados:
hermosísimas conquistas.

¿Quién hizo los materiales
para hacer un edificio?
Fueron manos con oficio,
trabajadores leales
que en sus horas laborales
trabajaron con deseo,
para dejar lo que veo,
hablando materialmente,
construcciones imponentes
que merecen un trofeo.

Los parques de diversión,
y los parques infantiles,
se cuentan entre los miles
lugares de recreación.
Computadoras que son
instrumentos excelentes
que sirven eficazmente,
ahorrando tiempo y dinero,
en las manos del obrero
que es honrado y eficiente.

Mire esas rastras gigantes
que trabajan noche y día
trasladando mercancía
para almacenes y estantes.
Automóviles brillantes
de lujo; son un placer.
Y ¡qué feliz la mujer
al llegar la lavadora,
lavaplatos, secadora,
la máquina de coser!

Y miles de cosas más
nos benefician, señores,
por esos trabajadores
que no se olvidan jamás.
Trabajar produce paz.
Somos felices al dar.
Si vemos el trabajar
como un aporte a la vida
la haremos mas colorida
y habrá gozo no pesar.

Desafortunadamente
hoy la gente ve el trabajo
como ridículo y bajo
para el hombre inteligente.
Pero debían ser conscientes,
mediante la reflexión,
que sin la alimentación
que produce el campesino
no tendrían otro destino
que morir de inanición.

Como es en la agricultura,
es también en la ciudad,
se necesita en verdad
fuerza de trabajo pura.
Que tenga la mano dura,
produciendo en lo que sea.
Y que en su trabajo vea
una forma de crecer
y la vida embellecer
aunque el mundo lo crea.

Aquel que esté prejuiciado
y tal vez tenga razón,
que hable con su patrón
y demuestre ser honrado.
Quizás esté equivocado
en su modo de pensar
y se quiera desquitar
haciendo chapucería,
tres horas durante el día
y el resto sin trabajar.

Trabajar con honradez,
y con alta calidad
nos da la oportunidad
de algún aumento talvez.
Pero no sienta el revés
de sufrir algo tan feo,
como perder el empleo
en un mínimo descuido
porque lo encuentren rendido
en los brazos de Morfeo.

Morfeo, es un personaje
sumamente peligroso
porque lo anima al reposo
y hace que se relaje.
Lo acaricia hasta que baje
la guardia completamente.
Lo arrullará tiernamente
hasta que sierra sus ojos,
y al cumplirse sus antojos
lo agarran por inocente.

Reflexione en todo esto
que mencionamos aquí
pero no se haga infeliz
trabajando predispuesto.
Con espíritu dispuesto
comience en horas tempranas
a trabajar con las ganas
de trabajador honrado,
y así verá el resultado
que cosechará mañana.

Contribuya con su mano
a edificar cosas bellas
pero no forme querellas
de cualquier cosa, mi hermano.
Edifica el pensar sano,
repudia el pensar atroz
para que escuchen la voz
de un obrero diligente
comportándose conciente
que el trabajo es don Dios.

Atrás tu patria dejaste.

Atrás tu patria dejaste, tu cuna, tu Tierra amada,
en pos del sueño dorado de almas ilusionadas.

Atrás quedaron recuerdos de niñez sin esperanza
los amigos, familiares, y te hiere la añoranza.

Atrás quedaron tus ríos, tus llanuras y montañas;
atrás quedaron las aguas de tus playas que hoy extrañas.

Viniste a tierra del águila, que manaba leche y miel,
tierra de sueño y de triunfo, de vida de alto nivel.

El deseo de un día brillar como el sol o las estrellas,
quizás te hizo emigrar y atrás quedaron tus huellas.

O en busca de libertad, vivir un poco mejor,
con dignidad, con derecho, en paz; sin tanto rigor.

Tu decidiste viajar para mejorar tu vida en
la tierra que para muchos, imaginan el Edén.

Cierto que no es comparable la vida en otros lugares,
con la Tierra del águila, del dólar y de manjares.

Ya viajaste por un triunfo, el que buscabas aquí,
pues lucha por obtenerlo, quejarte te hará infeliz.

No te sientas derrotado por el sentimentalismo.
Anímate, sé valiente, y lucha con optimismo.

Para atrás no des un paso. Sé firme, perseverante,
olvídate del pasado, lucha, el futuro es brillante.

En tus manos el futuro pudiera ser generoso,
si no flaqueas en la lucha por un porvenir hermoso.

El camino será oscuro o se hará resplandeciente,
como el sol, como la luz; según lo mire tu mente.

Mira lo bueno que tienes, posiblemente, en tu mano,
y podrás bien disfrutar de tu sueño americano.

Si buscas un paraíso dentro de la imperfección,
te atraparán finalmente la angustia y la decepción.

Lucha siendo razonable, no corriendo tras el viento,
y recogerás el fruto con espíritu contento.

Con espíritu de triunfo, si, con entusiasmo obra,
y evita el pensar dañino cual veneno de la cobra.

No dejes que el sacrificio aquél, se valla al vacío
ni permitas que un futuro brillante se haga sombrío

Al tomeguín

Yo tengo que trabajar
para comer y vestir
y los gastos que al morir
también tengo que pagar.
Para salir a pasear
tengo que ahorrar buen dinero.
Para tomar un crucero
solo por una semana,
abstenerme de mil ganas
y muchas cosas que quiero.

En un crucero hay sustento
veinticuatro horas al día
y un ambiente de alegría
que olvidas el descontento.
Disfruto cada momento
y aire puro en la cubierta.
Al amanecer alerta
para ver salir el sol
disfrutando su arrebol
cuando el alba se despierta.

Sin embargo, Tomeguín,
no luchas por tu alimento,
vistes bien, estás contento,
todo un feliz cantarín.
Pareces el paladín
de las aves por tu traje.
Cuando emprendes cada viaje
tienes todo preparado,
mientras que no te he notado
el más mínimo equipaje.

Vistes con pura elegancia
¿Quién pule tu vestimenta?
Dime ¿Quién paga tu cuenta
y qué tienes de ganancia?
Por larga que sea tu estancia
en cualquier lugar que estés,
nunca sientes el estrés
por cada gasto adquirido,
pues todo se te ha servido
sin el mínimo interés.

Tienes agua, la comida,
quien arregla tu vestuario,
y subes al escenario
con tu gala preferida.
Cada canción escogida
es un deleite, cantor.
Nos cantas lleno de amor,
sin tener preocupaciones
y tienes las provisiones
de la calidad mejor.

Otra cosa que te alabo,
cuando das un recital;
un cantor tan especial
que no cobras ni un centavo.
Desde el atril de un Arabo,
de un Framboyán, de un Uvero,
entonas con todo esmero
tu exquisita melodía
que despierta mi alegría
y hasta me quito el sombrero.

Contesta el tomeguín.

Tu viajas una semana
y bien caro que te cuesta,
teniendo la vida expuesta
a ahogarte alguna mañana.
Yo satisfago mi gana
sin que me cueste dinero.
Sin viajar en un crucero,
viajo en una súper nave
con los millones de aves
que pueblan el mundo entero.

Tengo un viaje permanente
de turista universal
ofreciendo recital
por amor, gratuitamente.
Complazco a toda la gente
con mi reciprocidad.
Pues la generosidad
que disfruto en la creación
hace que mi corazón
se desborde de bondad.

A los hijos atendemos
hasta que podemos ver
que adultos llegan a ser,
aunque no los olvidemos.
En cada casa que hacemos
damos calor a los huevos;
siempre tengo un traje nuevo,
alimento, medicina,
agua fresca cristalina,
como la esposa que llevo.

Solo una preocupación
nos asalta a cada rato:
que nos agarre algún gato
o nos lleven a prisión,
a la jaula de un bribón,
para el portal de su casa,
donde todo aquel que pasa
oirá que canto muy triste,
aunque me sobre el alpiste
que me sirva en una taza.

Por mucho que el hombre crea
cuidarme yo soy silvestre,
y sin mi brisa campestre
mi pluma se pone fea.
Por delicado que sea
su trato, con dignidad,
no tendré felicidad
reflejando la tristeza
al apocar mi belleza
por que amo la libertad.

Veo el alba despertar
con cada día que amanece;
nuestro sol cuando aparece
y el hombre va atrabajar.
Yo me dispongo a saltar
desde mi elegante cama,
contestando al que me llama
sin miedo a pagar un vil,
y canto desde mi atril
a caballeros y damas.

Si muero no pago nada,
ni hay un entierro brillante,
y me hago fertilizante
para la tierra agotada.
Mientras gozo la jornada
con entera libertad
disfruto la variedad
de un alimento exquisito,
creado por el Dios bendito:
padre de hospitalidad.

Yo respiro el aire fresco,
del bosque y de la sabana
en la noche, en la mañana,
¿será que tanto merezco?
Si algún gavilán grotesco
intentara secuestrarme,
para luego masticarme
sin piedad, siendo tan chico,
aunque afile bien su pico
le va a costar agarrarme.

La vida me es placentera,
pero tengo que morir,
por eso quiero vivir
de la más dulce manera.
Viajar a donde yo quiera
y sin pagar un centavo.
Desde el gajo de un arabo
veo al hombre trabajando
mientras yo sigo cantando
y nunca me pongo bravo.

La distancia.

La distancia no me deja
ni puedo brincar el mar
para abrazar y besar
a mi madrecita vieja.
Y siento que se me aleja
como nave en la corriente.
Tan suave, tan sutilmente,
por los años que ya tiene;
el tiempo no se detiene,
y nunca ha sido clemente.

El tiempo es bueno y valioso,
sin el nada disfrutamos,
en buena no lo notamos,
pero en aprietos ¡Qué odioso!
Cuando estamos en reposo
de algún trabajo agobiante
es precioso, tan brillante
como el oro; y el espejo,
me dice: «Te has puesto viejo,
retírate cuanto antes».

Nada podríamos hacer
si no tuviéramos tiempo,
pero también el lamento
llega cada atardecer
de la vida, al padecer
del achaque y la dolama
de la vejez como llama
ardiente y devoradora,
cuando se extingue la aurora
de la vida que se ama.

El tiempo pasa veloz;
con el se forman ciudades,
pero al pasar las edades
llega el deterioro atroz.
Se escucha temblar la voz
del que fue joven potente,
y la imagen esplendente
de aquellas mujeres bellas
se oscurece como estrellas
que se apagan lentamente.

Así sucedió a mi padre,
de juventud vigorosa,
con su hermosísima esposa,
hoy tan viejita, mi madre.
Pero el futuro se abre
por toda la eternidad
dando la oportunidad
de hacer, de hacer y de hacer,
donde tener el placer
de una eterna mocedad.

El tiempo sigue adelante,
nosotros nos consumimos,
y lo poco que vivimos
es algo insignificante.
El humilla al arrogante;
y al que se cree poderoso
lo hace un menesteroso
cuando le llega su turno,
su turno, diurno o nocturno,
lo manda a dormir al foso.

¿Por qué me abandonas?

Muchos años he pasado
en tu dulce compañía,
y hoy suspiro una agonía
por haberme abandonado.
Cuando estabas a mi lado
yo me sentía poderoso,
dinámico y hacendoso;
inspirado en tu belleza
y corría entre la maleza
como el indomable oso.

No sentía preocupaciones
como las que sufro hoy,
cuando dijiste:« me voy»
sin exponerme razones.
No es justo que me abandones,
cuando más te necesito.
He perdido el apetito
de luchar como luchaba
cuando tú me estimulabas
con un ánimo exquisito.

Desde que tú te marchaste
mi espíritu va cayendo
y mi salud va muriendo,
pues, mi vigor te llevaste.
Desde que me abandonaste
la vida se me consume.
Dejas que el pesar me abrume
y mi vista se marchite,
mi rostro se torna triste
al no sentir tu perfume.

Ya no pude retenerte
y es difícil olvidar
a quien fue tan ejemplar
y con su amor me hizo fuerte.
Te fuiste, no puedo verte.
Por ti yo tenia salud;
pero hoy me invade un alud
de penas para sufrir
obligándome a decir:
adiós, bella juventud.

Una suprema lección.

Recuerda, querido Abner,
que Dios en todo momento
vela tu comportamiento
y te sabrá proteger.
Que él dice que obedecer
es mejor que el sacrificio.
Y si frente a un precipicio
te hallaras por serle fiel,
ten presente que eres de él
y que estás bajo su auspicio.

Recuerda que él libertó
a su pueblo esclavizado
y al faraón sepultado
en el mar rojo dejó.
Recuerda que el mar secó
para que el pueblo pasara,
y cuando extendió la vara
Moisés de nuevo hacia el mar
se volvieron a juntar
las aguas que el separara.

Recuerda allí fue aplastada
la flor innata imperial
de un ejército bestial
jamás visto en retirada
Recuerda, redujo a nada
la gloria de aquel imperio,
fue realidad, no misterio,
no fue la ciencia ficción,
fue una suprema lección
para todos los imperios.

Recuerdas el contingente
de la invasión militar
del faraón que aquel mar
se los tragó de repente.
Viendo numéricamente,
es una fuerza que aterra:
Seiscientos carros de guerra,
tripulados por tres hombres
que conocerían el nombre
del que hizo el cielo y la Tierra.

Recuerdas la compañía
de cincuenta mil soldados,
orgullosos, bien armados,
era la caballería.
Le seguía la infantería:
con otros doscientos mil
que dirigía aquel hostil
y arrogante faraón
para sufrir la lección
por haber sido tan vil.

Recuerda, su poderío,
que humanamente aterraba,
como el mar se lo tragaba
en su osado desafío.
Así sufrió un día sombrío
el entero imperio egipcio,
mediante aquel sacrificio
en el mismo corazón
del mar como una lección
para todos, de su juicio.

El fiel soldado.

Al amigo y hermano Hugo Daria

El fiel soldado pelea
hasta su último aliento
y fija su pensamiento
muy firme en lo que desea.
Y Dios espera que seas
ese valiente soldado,
que brillante ha continuado
combatiendo cada año
sin que el genio del engaño
logre verlo doblegado.

Tu corazón se ha hecho fuerte,
y gran escudo tu fe,
con el valor de Caleb
que no temía ni a la muerte.
Como a Josué, Dios te advierte
que siempre estará contigo,
y vencerás tu enemigo
por gigantes que parezca,
y hasta que desaparezca,
te dará fuerza y abrigo.

Jehová se siente feliz,
por tu historia de lealtad
y goza la integridad
que forma parte de ti.
Si un día tuviste un desliz
en el pasado quedó
y profundo lo enterró
para que no te dañara
y para que no empañara
el diamante que pulió.

Siga tu verso anunciando
como celoso vigía
lo que ve en la cercanía
y que se está apresurando.
Algo que estas esperando,
con la convicción de Abran:
día que se derrumbarán
las montañas opresoras
al llegar nuevas auroras
que tantos abrazarán.

Allí, estimado Hugo Daria,
estarás para contar
que Dios no pudo olvidar
tus acciones voluntarias.
Tuvo en cuenta que en precarias
condiciones con tesón
servias con resolución
y tu esposa te animaba
a la vez que te apoyaba
en cualquier asignación.

¿Verdad que Dios nunca olvida
el servicio que le damos
y el amor que demostramos
en el viaje por la vida?
Su bondad inmerecida
nos envuelve con su amor,
y nos concede el honor
de representarlo a él
y al primogénito fiel,
nuestro Gran Libertador.

Nuestra fe vencerá al mundo,
no importa cuan fiero sea,
perderá esta gran pelea
y se hundirá en lo profundo.
Por que ni un solo segundo
vamos a bajar la guardia,
continuando en la vanguardia
asiduos de la esperanza
con solidez y confianza
en nuestra fiel retaguardia.

Tu cuerpo, físicamente,
ha recibido una herida
de una bala dirigida
para cortarte la frente.
Pero tu estando consciente
de las armas que utiliza,
quien quisiera hacerte triza,
para silenciar tus labios
en ves de sentir agravios,
reflejas una sonrisa.

No temas nunca, no temas,
jamás Jehová te abandona,
y te dará la corona
de una vida sin problemas.
Mientras no hallarás dilemas
que no puedas resolver,
concediéndote poder
mas allá de lo normal,
porque golpes del rival
son golpes para crecer.

Todavía no se ha inventado,
a lo largo del combate,
la estocada que te mate
y no seas vivificado.
Esto quedó demostrado
en diversas ocasiones,
con varias resurrecciones,
y la de Cristo, además,
que no podrá Satanás
impedir las bendiciones.

Como Jefte, Jedeón,
el David de integridad,
como Sansón en lealtad,
mantén tu resolución.
Que ese hermoso corazón
siga demostrando aguante,
para que sigas brillante,
como el soldado leal
combatiendo hasta el final
al pie de su Comandante.

Por no besar esa bota

Hermano en una ocasión,
de las muchas que tuviste,
con coraje respondiste
la cínica invitación
de sumarte al batallón
del informante humillado:
«Yo siempre he regocijado
al Dios que todo lo nota
por no besar esa bota
que tanto me ha pisoteado»

Sirvo al Dios de la verdad,
de la justicia y amor,
considerando un honor
adorarlo con lealtad.
A cambio de libertad
no violo lo que he jurado,
aunque muera encarcelado
no sufriré la derrota
«de haber besado la bota
que tanto me ha pisoteado»

No esperen de mi venganza,
la venganza es de mi Dios,
mientras proclama mi voz
que es mi refugio y confianza.
Yo no cambio mi esperanza
por un plato de guisado.
Y estoy muy regocijado
de no haber sido un idiota
«que haya besado la bota
que tanto me ha pisoteado»

Quien cambia la libertad
verdadera por mezquina,
actúa como una gallina
y no tiene dignidad
Seria falta de lealtad
a quien todo se lo ha dado.
Pero yo sigo aferrado,
mientras el combate azota,
«porque no beso la bota
que tanto me ha pisoteado»

Sadrac, Mesac y Abednego,
por su excelente postura
en la llanura de Dura,
pudieron vencer el fuego.
Su Dios escuchó su ruego,
de aquél trío determinado,
a consumirse quemado
hasta la ultima gota
«antes que besar la boteado
que tanto lo ha pisoteado»

Nuestro Dios repudia el mal
y yo me uno a su odio,
para ver el episodio
de la ejecución final.
El que es traidor, como tal
ha de ser ejecutado,
mientras queda liberado
el manso como patriota
«porque no besó la bota
que tanto lo ha pisoteado»

Si no vas a regresar.

Si usted no va a regresar
no continúe murmurando
porque está desanimando
al que quiere progresar.
Esfuércese por hallar
lo bueno, lo positivo.
Combata lo negativo
que solo lo hará infeliz
despidiendo la raíz
de todo pensar altivo.

Este mundo se ha inundado
de opresión y de codicia
y florece la injusticia
como jardín bien cuidado.
Aquí como en cualquier lado
se hace difícil vivir,
pero si puede elegir
donde vivirá mejor,
abandone ese clamor
que tanto le hace sufrir.

Pero si quiere gozar
la vida buena realmente
comience a limpiar su mente
de ese maligno pensar.
Ponga empeño en estudiar
la biblioteca divina,
y verá como ilumina
su luz la senda del bien
que lo conduce al Edén
si en la rectitud camina.

¡Que triste mi campamento!

¡Que triste mi campamento!
Desde el día que te marchaste,
la señora que dejaste
es un puro descontento.
Me acosa con su lamento
que no me deja vivir.
La quisiera despedir
pero creo que es imposible,
solo su daño es tangible,
¡que bien se deja sentir!

No prendo el televisor,
solo escucho melodías,
y siento su compañía
como un vil torturador.
Es una plaga, un hedor;
difícil de soportar.
No me deja descansar,
me desvela diariamente,
y al no dormir suficiente
siento ganas de pelear.

¡Es un estorbo, mas nada!
No arregla cama ni cuarto,
¡de verdad que ya estoy harto
de esta desconsiderada!
¡Tan vieja y tan obstinada
en hacer tanta maldad!
«Señora ya su amistad
es un horrible castigo,
ni siquiera de enemigo
la soporto Soledad»

¡Y que pena yo sentí!

¡Hola mami! ¿Cómo estas?
Yo aquí me siento encantado,
aunque un poquito enojado,
¿y por que? Tú lo sabrás.
Esa mujer fue capaz
de fotografiarme así.
¡Tan atrevida! Y oí
cuando dijo: es varoncito,
porque me vio desnudito,
¡y que pena yo sentí!

Yo no soy ningún modelo
para fotos de nudismo,
eso que hizo es un cinismo
que me ha causado desvelo.
Yo pienso como mi abuelo
sobre la privacidad.
Nadie tiene libertad
de violar ese derecho
y mucho menos el lecho
de máxima intimidad.

Bueno deja todo eso,
yo no quiero molestarte,
si quiero felicitarte
por mi excelente progreso.
Tengo deseos que el proceso
de nueve meses termine;
y aunque no te lo imagines
deseo sentir la alegría
de mirar la luz del día
y tú veas que yo camine.

Aquí hay mucha oscuridad;
casi siempre estoy dormido,
pero muy bien atendido
por tu amor y tu bondad.
Siento gran felicidad
al disfrutar tu cuidado;
y cual polluelo mimado,
que recibe lo mejor
disfruto tu gran amor
que será recompensado.

Corresponderé todito,
si papá, como un titán,
pone en mi la fe de Habrán
con los sagrados escritos,
enseñándome un poquito,
con paciencia cada día;
con gran amor y maestría
hasta que en mi corazón
escriba la información
que siempre será mi guía.

De eso depende que sea
útil a pleno poder
y podré corresponder,
mami, como tu deseas.
Así espero que me veas,
un hombre hecho a la medida,
con la verdad bien asida
por el buen entrenamiento
edificando el cimiento
de lo que realmente es vida.

Déjame decirte hoy
que estoy muy agradecido
por el celo que has tenido
de cuidarme donde estoy.
Mil gracias, mami te doy,
por enviarme los nutrientes
diario con los ingredientes
que gustan paladar
sin tener que masticar
pues no necesito dientes.

Mamita, mamita mía,
te recuerdo una vez más,
que no me tiren jamás
ninguna fotografía,
desnudo, como aquel día,
como para un comercial.
Porque para ser leal
hay que empezar tempranito,
¡y ese verme desnudito
es un reflejo del mal¡

Voy a matar el puerquito.

Una vez Oneida fue
con Josefina a un lugar
y después de madrugar
solo tomaron café.
Me cuentan del hambre que
pasaron las de Caín.
cuando llegaron, por fin,
pensando desayunar,
les pudieron obsequiar
un cafecito clarín.

Y Josefina nos cuenta
que mientras que caminaba
cada tripa le sonaba
como una mini tormenta.
Pero se sintió contenta,
al ver que estaban llegando.
Soñaba desayunando
yuquita con huevo frito,
pero solo un cafecito
clarín le estaba esperando.

Josefina que llevaba
sus dos hijos que querían
comer pero no veían
una pista que alentaba.
A todos lados miraba,
y todo lucia muy mal.
Pero con gesto genial
se levantó del tarbuete:
«por favor, deme un machete,
vamos al cañaveral»

Con un voraz apetito
entró en el campo de caña
y casi a los niños baña
exprimiéndoles chorrito,
del sabroso guarapito
que jamás habían bebido.
Dicen que de no haber sido
por la caña hubieran muerto
de hambre en aquel desierto
donde jamás habían ido.

El anfitrión con la mano
en el hombro de su esposa,
dijo con voz dolorosa:
«voy a matar al marrano.
Hay que buscar a Mariano,
yo para esto soy cobarde»
Pero todo era un alarde,
lo de matar al puerquito,
pues volvió con marianito
a las cuatro de la tarde.

Cuando las dos escucharon
que matarían al puerquito
sintieron más apetito
y con paciencia esperaron.
Las pobres, se imaginaron
comer una rica cena,
y aunque la idea era muy buena
las tomó por inocentes:
se derrumbó fácilmente
como un castillo de arena.

Con Mariano trajo arroz
y una libra de tasajo
que quedó muy por debajo
de aquella hambruna feroz.
Su esposa quiso, veloz,
preparar un almuercito.
Cocinó aquel arrocito
que tardó mas de dos horas,
pero fue la dulce aurora
que salvó al animalito.

El almuerzo fue un cuqueo
como un plato para un niño,
pero con mucho cariño
como valioso trofeo.
Con el hambre y estropeo
que tenían mucho sufrieron;
pero creo que no pudieron
olvidar aquel versito:
«voy a matar al puerquito»
y allí más nunca volvieron.

Espíritu de queja.

El espíritu de queja
es un espíritu odioso
porque apaga todo gozo
y pesadumbre nos deja.
Puede estar en una vieja,
en un niño o en adulto;
yo sé que es un vivo insulto
contra el estado feliz,
si se deja echa raíz,
como árbol del disgusto.

La persona quejumbrosa
siempre tiene un nuevo tema
y hace tremendo dilema
de una arruguita penosa.
Solo dormida reposa
y cuando amanece el día,
se hace una radiografía
tocándose aquí y allá
y al instante dice: «ya,
mi vida es una agonía»

«¡Casi no duermo, me acaba!»
responde al: «¿Cómo durmió?»
pero es porque se le olvidó
lo profundo que roncaba.
Dice que se le entiesaba
la quijadita al mascar;
«pero si me iba a invitar
a comer un pollo frito,
bueno…comeré un poquito,
no la voy a despreciar»

Un poquito recogida,
y murmurando quejumbre
se siente como en la cumbre,
ante la mesa servida.
«¡Qué bien huele su comida!»
comentó con la anfitriona.
Y aquella humilde persona
que tenía poco apetito
se convirtió en un ratito
en una hambrienta leona.

«Yo no sé que tengo, hermana,
¡por qué como tan poquito!»
y se sirvió dos platitos
que parecían palanganas.
Eso fue sin tener gana,
¡dígame usted si tuviera!
¡Comió postre de manera
que fue un asombro aquel día!
y dijo con simpatía,
le diera un jugo de pera.

Se despidió muy contenta,
pero pronto en el camino
se encontró con el vecino
que saludó muy atenta.
Pero le sirve de afrenta
que la quiere estimular.
Dice: «no sé como estar.
hacer casi nada puedo,
porque este dichoso dedo
no me deja caminar»

«Y en esta pobre rodilla
tengo un dolor tan constante
que me veo en lo adelante
valiéndome de una silla.
Se me torció una costilla
que no me deja vivir.
Casi no puedo ingerir
el alimento que gusto
y esta cara de disgusto
no me deja sonreír»

«Me da pena su dolor,
se le nota en su expresión,
dejaré la invitación
para cuando esté mejor»
«¡No, dígame, por favor!
que si es cuestión de comer
un esfuerzo puedo hacer;
tal vez hoy no me haga mal,
esa comida especial
que sabe hacer su mujer»

«¡Y cómo me gusta, sí,
lo que su esposa cocina,
ella es muy buena vecina,
voy a pasar por allí»
Y fue se comió un ají
tremendo rellenadito,
con cinco o seis bistecitos,
arroz, tostón, ensalada,
su comida más deseada,
aunque no tenía apetito.

Dicho en un tono muy serio,
no comprendo ese quejar,
sin apetito almorzar
dos veces es un misterio.
No comparto ese criterio
de queja, queja y comiendo;
y donde quiera diciendo:
«¡que feliz come la gente,
y yo lamentablemente
siento que me estoy muriendo!»

«¿Cómo se siente, mejor?»
se le pregunta al quejoso
y sin ápice de gozo
contesta: «¡tengo un dolor
de cabeza y un ardor
en el estomago que
no puedo tomar café,
no hay nada que me aproveche,
me da mil gases la leche,
no sé hasta cuando, no sé!»

« ¡Amigo, si tu supieras
todo lo que yo he sufrido
anoche yo no he dormido
del dolor en mis caderas.
Tengo tremendas ojeras
y mucho ardor en la vista;
agregándole a esa lista
de dolamas mi garganta,
y otra cosa que me espanta
es visitar al dentista!»

«Tengo tres muelas cariadas,
un diente me duele mucho
y me halló el medico, Chucho,
en la lengua una pelada.
También me encontró inflamada
la garganta y un riñón,
un soplo en el corazón,
el vaso no me funciona,
y también en una zona
del hígado inflamación»

«Me duele mucho un oído,
se me tupe la nariz,
rigidez en la cerviz
y en el ombligo un latido.
Yo quejarme no he querido,
porque para que contar.
Pues si voy a enumerar
todas las penas que siento
mi vida seria un tormento
y los voy a atormentar»

Con la gente quejumbrosa
es difícil convivir,
porque se quiere erigir
en el juez de cada cosa.
Su situación es penosa,
no manifiesta alegría,
y convierte en agonía
la más mínima cosita,
espíritu que marchita
a su más hermoso día.

Si llovizna ¡que molestia!
pero si hay sol ¡que calor!
y si hace frío ¡que rigor!
a todo tiempo indispuesta.
Si la invitan a una fiesta,
descubre cada fallito.
Dice que la vio Luisito
y que no la saludó,
y que Arminda la esquivó
porque andaba con Felito.

No empañes con tu quejar,
cual noche triste y oscura,
el brillo de la ternura
que debemos desplegar.
Basta ya de pregonar
ese espíritu maligno,
y enarbola nuestro signo
de gozo, dulce bandera,
que conforte en la carrera
el espíritu benigno.

Basta de queja quejoso,
quien se queja no es feliz,
cambia ese rostro infeliz
y cultiva el alborozo.
Irradia siempre de gozo
con espíritu optimista.
Despliega amor altruista
y recibirás amor
para obtener lo mejor
de la más grande conquista.

Espíritu derrotista.

Espíritu derrotista,
¿qué significado tiene?
es esa actitud que viene
aplastada y pesimista.
Es como no tener vista
para ver las cosas buenas.
Quien es así solo pena,
porque su aptitud le daña,
haciendo una gran montaña
con un granito de arena.

Como si hubiera un destino
que marcara cada paso
ve su vida en el ocaso
aunque ande en el buen camino.
Por su espíritu dañino
no disfruta casi nada.
Dice que es muy desdichada,
una persona fatal,
que todo le sale mal
cuando hace alguna jugada.

Yo tengo una compañera
de trabajo que es así,
si me descuido hasta a mi
me hace ver de esa manera.
Ayudarla yo quisiera,
pero no es fácil cambiar
su manera de pensar
que es el patrón de su vida,
en cada cosa ocurrida
como les voy a contar.

Por ejemplo el otro día,
dice que haciendo un esfuerzo,
fue al trabajo sin almuerzo
porque allí lo compraría.
Confiando que el que vendía
almuerzo nunca fallaba.
La pobre se equivocaba
porque ese día si falló
y del genio que agarró
cuentan que casi bufaba.

«Ven lo que me ha sucedido,
esto ya no tiene nombre,
diariamente viene el hombre,
pero, hoy, ¿Por qué no ha venido?
Yo que quería haber comido
almuerzo del camionero.
Me comeré algo ligero,
soda con una papita,
digo, si la maquinita
no se roba mi dinero»

Y con espíritu airado
fue a la máquina y le echó
el dinero y se quedó
el paquetito trabado.
Todo se había combinado
para que ella no almorzara.
Había que verle la cara
que puso cuando veía
que el paquete no caía
como ella lo imaginara.

Aunque se queja de ser
de muy poca fortaleza,
había que ver la fiereza
con que actuó aquella mujer.
Con rabia pudo mecer
la maquinita a empujones.
Y a través de sacudiones
el paquetito calló
mientras que así divirtió
al grupito de mirones.

No se debe ser así,
Hay que pensar optimista,
pues la gente derrotista
siempre se siente infeliz.
Hay que ver el triunfo allí
en cada cosa que hagamos,
porque yo creo que logramos,
y no estoy equivocado:
«según lo que hemos sembrado
eso es lo que cosechamos»

No te duermas en la vía.

Hay ciertas curiosidades
que quisiera recordar
y que se puedan contar
a través de las edades.
Son ciertas dificultades
que le ocurren a cualquiera,
por andar a la carrera,
otras por algún descuido,
pero se bien que he tenido
culpa desde la primera.

Siendo yo más jovencito
quería montar bicicleta,
y correr como un atleta
por un camino estrechito.
Veía cualquier muchachito
que se montaba y corría.
Yo lo intentaba y creía
que era una cosa sencilla
pelándome las rodillas
cada vez que me caía.

Después de muchas caídas
sobre piedras, matorrales,
pude darle a los pedales
equilibrando salidas.
Triunfé con muchas heridas
entre chascos y rigores,
con quinientos sinsabores,
como los que contaré
y no los olvidaré
porque fueron los peores.

Iba un día por mi derecha,
en bicicleta corriendo,
alegre, feliz, sonriendo
y veloz como una flecha.
Cuando de la acera estrecha
una mujer se bajó
de repente y no miró
cuando sentí un no se qué
por las nalgas la choqué
y bocabajo cayó.

Tremendo susto me di,
pues muy experto no estaba,
pensé que me equilibraba
pero también me caí.
Yo me levanté y corrí
como relámpago a ver
si ayudaba a la mujer
pero ya la levantaban,
y sus ojos me miraban
como el que quiere morder.

Varias personas vinieron
para ver lo sucedido,
y al no ver ningún herido,
algunos hasta se rieron.
Otros serios me dijeron:
«debes de echarte a correr,
y no hay tiempo que perder,
no sea que la policía
te haga pasar un mal día
por tumbar a esta mujer»

Muy apenado quedé
por este leve accidente
que presenció mucha gente,
pero yo me disculpé.
Pero de nuevo monté
y corrí como ciclista,
que aunque tenia buena vista
ni los baches evadía,
parece que me creía
compitiendo en una pista.

Pero tengo varias más,
por andar a la carrera,
y tú, al bajar de la acera
procura mirar atrás.
Pues cualquier carro es capaz
de convertirte en tostón.
Así es, chofer o peatón,
no te duermas en la vía
porque el mejor de los días
te llevas un sofocón.

La carreta.

Una vez, en el central
azucarero en Jobabo,
por poquito yo me acabo
de un accidente fatal.
Pues queriendo ser puntual,
como todo buen obrero,
salí corriendo, ligero,
en mi bicicleta Besa
propiciando una sorpresa
a un humilde carretero.

Su carreta era tirada
por seis bueyes bien fornidos,
pobres, lanzaban quejidos
por una calle empinada.
Claro, si estaba cargada
de piedras de construcción,
que inspiraba compasión
ver como aquel carretero,
cual verdugo sin esmero
les clavaba el aguijón.

Mientras yo seguía avanzando,
sin mirar otro detalle,
por la orilla de calle
iba un hombre caminando.
cuando yo lo iba alcanzando
al carretero miró,
y este le correspondió
con una inmensa alegría,
para anotar aquel día
el susto que se llevó.

El hombre y el carretero
eran amigos de antaño,
amistad que casi daño
por la culpa del primero.
Me sentí en un verdadero
aprieto, casi pasmado,
cuando este volteó al costado
izquierdo yo estaba encima
y entre el pánico y la grima
pude gritarle: «¡cuidado!»

A tanta velocidad
allí no podía frenar,
solo me pude agarrar
del timón con ansiedad.
Su grandiosa tontedad
y su espíritu de lerdo
se manifestó, recuerdo
cuando por el pavimento
dio varias vueltas; ¡lo siento!.
lo golpeé en el hombro izquierdo.

Yo caí del otro lado,
de cabeza en la cuneta,
al lado de la carreta,
donde me hubiera matado,
mientras el atolondrado,
dolido se levantaba,
preocupado lo miraba,
y disculpa le pedí.
Me dijo: «no, fue por mí,
por no echar una mirada»

Aprendí buena lección,
que a todos la recomiendo,
pero hay algo que no entiendo:
no aplico la corrección.
Al final la agitación
no añade un codo a la vida;
sí, mil arrugas nacidas
en el rostro de manera
que parece primavera
de canas aparecidas.

La suegra entrometida

Cuando se case su hija,
nace una familia más,
con un esposo capaz
de triunfar en lo que elija.
Así que usted no se aflija
al marcharse de su lado,
ni quiera ver agobiado
al yerno que tanto estima
porque quiera caerle encima
con un extremo cuidado.

Hay una clase de suegra
que siempre está vigilando,
si el hombre está trabajando,
o come habichuela negra.
Si lo visita se alegra
que el mismo no esté presente,
instruyendo a la inocente
en las cosas de la vida;
que tome alguna medida
si el hombre es desobediente.

Margarita,«¿A qué hora vino?»
«¡ay mamá como a las diez!»
«¿le preguntaste por qué
se demoró en el camino?»
El me parece divino
en cumplir con sus deberes,
pero aunque mucho lo quieres,
me parece demasiado,
por lo que no te haz fijado
como mira a las mujeres.

Hija quiero que me digas
si te ha sabido tratar,
todito me has de contar,
yo soy tu mejor amiga.
No me veas como enemiga
porque piense que yo quiera
velar de alguna manera
en tus asuntos privados,
aunque no estés a mí lado
soy tu mejor consejera.

¿Verdad que siempre te llama,
tu esposo de buena fe
se levanta, hace el café
y te lo lleva a la cama?
Es un gesto del que ama,
pero aun también sería
un gesto de hipocresía,
que yo se que tu lo dudas,
como aquel beso de Judas
que bien caro pagaría.

Son estas insinuaciones,
tan malas como el veneno,
que contaminan el seno
de los buenos corazones.
Enferman las emociones
y siembra la desconfianza
colocando la venganza
maligna entre ceja y ceja
por la culpa de una vieja
que siempre está a la acechanza.

Aunque la muchacha sea
excelente compañera,
ella busca la manera
de verle la parte fea.
Si fuera una panacea
esposa muy dedicada;
no importa cuán delicada
le arregle la ropa a él:
«Ella no es de tu nivel,
no te quedó bien planchada»

Aunque el hijo esté gordito
y sea feliz con su esposa,
viene la suegra chismosa
a meterle cuentecitos.
«No te descuides, hijito,
tu mujer es muy bonita,
y levanta la patita
para ir a no sé dónde.
Si le pregunto responde:
« Señora tengo una cita»

La vieja muy asombrada,
con los ojos muy abierto
«Hijo mío ¡que desconcierto!
me siento muy preocupada.
Si ves lo bien arreglada
que salió con su cartera,
y me confirma que era
una cita, hijo querido,
¡parece que estas dormido,
o tienes mucha lelera!»

«Vieja estás atormentada
mirando alucinaciones,
mi esposa tiene razones
para la cita fechada.
Posible esté embarazada
y quiero salir de duda;
es mejor buscar ayuda
y saberlo con certeza.
¿No te gustó la sorpresa?»
¡La vieja se quedó muda!

Todo por un dolarcito

Un fornido compañero,
de fortaleza excelente,
va al trabajo diariamente
como todo buen obrero.
Pero le gusta el dinero
con extrema simpatía.
Yo diría con agonía,
porque por un dolarcito
por poco mata a un viejito
que era su fiel compañía.

Mi amigo iba en su carrito,
por aceras y por calles,
observando mil detalles,
recogiendo papelitos.
Pero vio uno verdecito
que le llamó la atención,
dándole un giro al timón
que el viejito se calló
mientras mi amigo agarró
el dólar con precisión.

Abandonando el carrito
se lanzó sobre el billete
tan veloz como un cohete
sin importarle el viejito;
el que quedó, pobrecito,
temblando y adolorido
por el golpe recibido
y peladas que se hizo
al dar vueltas por el piso
de adoquines construido.

Esta es una gran lección
que no se debe olvidar,
si alguien ha de trabajar
al lado de este campeón.
Tenga mucha precaución,
yo le advierto compañero,
porque algún día venidero
se pudiera repetir
y alguien pudiera morir
por un dólar pasajero.

Reprensión por reciclar.

Este compañero un día
se encontraba reciclando
contento seleccionando
los objetos que quería.
Pero el pobre no sabía
que un jefe lo iba a encontrar,
en horas de trabajar,
buscando ropa y zapato,
para pasar un mal rato,
que supo justificar.

Continúo hasta recoger
su codiciado botín,
sin imaginar que Tim
lo pudiera sorprender.
Quien cumplió con su deber
reprendiéndolo reacio.
y él, cabizbajo, despacio,
se decía: «! Que le respondo!»
y con un pesar muy hondo:
« Solo estaba haciendo espacio»

Como conversa Felipe.

¡Como conversa Felipe!
Una expresión popular
que no se podrá olvidar
si dejan que el participe.
Seguro que si compite
con él usted va a perder.
Dicen que un atardecer,
que venia de trabajar
se detuvo a conversar
hasta el mismo amanecer.

Se encontró con Aquilino,
que hacia tiempo no veía,
cansado de todo el día
trabajando nada fino.
No le importaba un comino
hablar, quería descansar;
quien conociendo el charlar
de aquel amigo estimado,
le dijo humilde y cansado:
« ¡Por Dios, déjame llegar!»

Pero Felipe sonriente,
con aire de compasión,
puso en tierra su azadón
y le asintió con la frente.
«Aquilino, solamente
quería recordarte algo.
Sé que tu camino es largo,
pero te falta poquito,
conversemos un ratito,
que de animarte me encargo»

Ciertamente recordó
al buen amigo cansado
cosas que ya había olvidado,
pero al fin, se reanimó.
Felipe no desistió
de hablar, de hablar y de hablar,
hasta el mismo despertar
del alba sin darse cuenta:
«¡Aquilino, cinco y treinta,
hay que irse a trabajar!»

Su buen hijo Felipito,
que siempre le acompañó
cuando el sueño lo atacó
se tiró sobre un saquito.
Y aunque cada cuentecito
el padre narró con ganas,
de la yegua, la marrana,
el burro y el toro viejo,
despertó con el reflejo
de la siguiente mañana.

Una vez me visitaron,
y escuché como quinientos
de aquellos bonitos cuentos
pero a mi se me olvidaron.
Mis hijos se me acostaron
y mi esposa fue a la par.
Mientras yo pude notar
que el hombre era muy ladino
y me acordé de Aquilino
que no pudo descansar.

Dije: «Felipe, lo siento,
usted me va a perdonar,
yo tengo que trabajar»
y me paré del asiento.
Pero siguió muy contento
hablando de no se qué.
En la puerta me paré
para que se despidiera,
caramba y no había manera
que se pusiera de pie.

Felipito comprendió
la presión que yo tenía
y su padre parecía
como que nada escuchó.
Humilde se levantó
y su padre no dejaba
de hablar y ya me inquietaba,
al decir con cortesía
que volverían otro día
a contar lo que faltaba.

Cortésmente yo le di
la mano en la despedida
pero dejé suspendida
otras visititas así.
Me dijo: «volveré aquí
un día que esté descansando»
y respondí suspirando:
«Yo no le hago compromiso,
pero seguro le aviso»
Todavía me está esperando.

Nuestro amigo Dagoberto.

Voy a contarles, por cierto,
algo que en verdad no vi.
pero me han contado a mí
del amigo Dagoberto.
Me cuentan que era un experto
en parrandas de semanas.
Y bebía con tantas ganas
con su ilustre batallón
que compraba todo el ron
de las tiendas comarcanas.

Cuando llegaba a una tienda
miraba con atención
cada botella de ron
para su larga contienda.
Aunque esto usted no lo entienda,
yo tampoco lo aceptaba.
Al sirviente preguntaba:
«¿Cuánto ron te queda ahí?
-Cuarenta-, Son para mí»
Y todo se lo compraba.

Sobre yeguas y caballos
en alforjas o serones
cargaban estos glotones
las bebidas del ensayo.
Entre los puercos y gallos,
algunos chivos y ovejos,
con unos cuantos conejos,
para su gran festival,
gastaban un capital
que nos dejaban perplejos.

Así recorría la zona
recolectando licor,
porque decía: «es un honor
brindar a cualquier persona»
Ostentaba la corona
típica del campesino,
y disfrutaba los trinos
del sinzonte en la mañana
con esa brisa temprana,
como regalo divino.

Un día en casa con su esposa,
preparando un chilindrón
se bebió un vaso de ron
y dijo: «Falta una cosa.
Voy a buscarla, mi rosa,
a la tienda un momentito.
Falta ajo para el sofrito,
y un poquito de picante,
regresaré en un instante,
hoy comeremos juntito»

Y la esposa continuó
preparando aquel ovejo,
luego se miró al espejo
y un poco se retocó.
Su esposo le prometió
comer juntos aquel día
y hacerlo feliz quería
con una bella presencia
sin pensar en la indolencia
con qué correspondería.

Cuando inesperadamente,
mientras que Dago compraba
los ajos se le acercaba
un amigo prominente.
Este era un hombre pudiente,
con buen carro y con dinero.
Como Dago, parrandero,
y como siempre acoplaban
a menudo disfrutaban
algún acto aventurero.

«¡Qué bueno Dago, encontrarte,
quería llevarte conmigo!»
-«Lo siento, Moro, mi amigo,
hoy no puedo acompañarte.
Tú sabes que a todas partes
hemos ido parrandeando,
pero hoy estoy cocinando
y me faltaba un poquito
del ajo para el sofrito,
y mi esposa está esperando»

Para hacer breve la historia,
el Moro convenció a Dago
después de brindarle uno trago
que le turbó la memoria.
Dijo: «no tengo la gloria
de vestir a tu manera,
y aunque contigo me fuera
buscaría ropa primero,
me gusta mucho el sombrero
y una buena guayabera»

«No tienes que regresar
a tu casa a buscar nada,
yo tengo ropa guardada
que está lista para usar»
Y se fueron a fiestar,
desde Oriente hasta la Habana.
Dago tenía tantas ganas
de festejar que olvidó
a su esposa y regresó
como a las cuatro semanas.

Se marchó este parrandero
al final de Navidad
y regresó de verdad,
a los finales de enero.
Pero hoy solo decir quiero
que Dago se ha transformado.
Ha sido muy estimado
por sus buenas cualidades,
no celebra navidades
y es un hombre equilibrado.

¡Las cosas que me contaron
cuando regresó a su casa!
eso a cualquiera le pasa,
pero a mi se olvidaron.
Si sé que lo visitaron
y que aceptó buen concejo.
Y hoy se mira en el espejo
que lo corrige día a día
y comparte su alegría
con niño, joven y viejo.

Me voy para Portugal.

Tengo un amigo ancianito;
entusiasta en la poesía,
y no pasa un solo día
sin escribir un versito.
Su esposa, es como un ramito
de jazmín primaveral.
Los dos forman un panal
de miel por su bello trato,
y el comenta a cada rato:
«Me voy para Portugal»

Es un excelente hermano,
amigable y cariñoso,
de un espíritu animoso
como genuino cristiano.
Se levanta bien temprano,
aunque halla dormido mal.
Y con expresión jovial,
aunque cubierto de canas,
comenta de buenas ganas:
«Me voy para Portugal»

Aquel lugar le gustó,
por la espiritualidad,
y por la hospitalidad
del pueblo donde vivió.
Pero el clima lo enfermó
con una alergia bronquial.
Y aunque aquí no le ha ido mal
añora mucho los higos
comentando con amigos:
«Me voy para Portugal»

Este hermano es muy querido
en toda la asociación
porque él y su esposa son
un aporte preferido.
Por la asociación le pido,
con un cariño especial,
que deje ya ese penal
y nos siga divirtiendo
pero no siga diciendo:
«Me voy para Portugal»

Proyectiles de amor.

«Aquí el poeta soy yo»
dice mi hermano Martínez,
yo respeto los confines
muy amplios que Dios le dio.
Deseo le bendiga Dios,
en ves de usar actos viles,
y dejo que en sus raíles
viaje su carro de honor
llevando llenos de amor
«cargados sus proyectiles».

Jamás, ¡que me libre Dios!
de esgrimir mí musa un día,
para empañar la alegría
de aquél que me desafió.
Jamás se erguirá mi voz,
como ranflas coheteriles,
para lanzar los misiles
de amargura y de dolor
contra quien lleva, de amor,
«cargados sus proyectiles»

Jamás yo, contra las canas,
ni un dardo podré lanzar
por no sentir un pesar
eterno cada mañana.
Yo aprendí desde temprana
edad honrar a los miles
ancianos que desde atriles
nutren de amor a la gente
por usar eficazmente
«cargados sus proyectiles»

Jamás trataré de herir,
con el verso ni con nada,
cual si fuera una estocada
para que le haga sufrir.
Contra él no podré escribir
jamás palabras hostiles.
Si aunque miles de fusiles
se alcen en rebelión,
lleva, de amor en acción
«cargados sus proyectiles»

Jamás falte la bondad
como su fiel asistente,
para que siga su frente
erguida con dignidad.
Nunca un rayo de maldad,
cual veneno de reptiles,
hiera sus gestos viriles
como cristiano de honor,
para que sigan de amor
«cargados sus proyectiles»

La palma y el Cocotero.

La palma y el coco son
en Cuba dos ejemplares
de plantas ornamentales
en su cálida región.
Ambas ostentan un don
de brillante utilidad.
Y un día, por casualidad,
las escuché discutiendo:
y cada una defendiendo
su gran potencialidad.

Cada una estaba exponiendo
las virtudes que tenía
y lo que escuché aquel día
hoy estoy reproduciendo:
«Coco, yo tengo tremendo
valor para el campesino.
Doy palmiche a su cochino.
Para el techo de su choza
doy pencas, y se alboroza
de mi tabloncillo fino.-

--Por eso no, yo también
doy pencas para su choza,
y con mi agua se alboroza
lo mismo que en el Edén.
Doy aceite para el bien
del cabello, y la gallina
come de mi masa fina,
también el cerdo y el hombre,
y con esto me hecho un nombre
que mi talento fascina-

«Cocotero yo nací
esbelta por excelencia
y cuando la independencia
cooperé con el Manabí.
De mi palmito le di
cuando estaba muy hambreado.
Y cuando estaba acosado
por el soldado español
yo lo cuidaba del sol
en mi tronco atrincherado»

«Eso también lo hice yo
pero el mambí no temía
ni de noche ni de día
ni del sol que lo quemó.
El de mi fruto comió
y bebió mi agua potable,
dulce, fresca y agradable,
que alegró su corazón,
propiciando inspiración
de canciones memorables»

«Además palma tu sabes
que yo soy útil entero
y que en cuba al cocotero
lo adoran hasta las aves.
Para adornar soy la llave
de los parques y las calles.
Soy útil en mil detalles,
mis pencas techan las chozas
doy agua fresca y sabrosa
y le doy vista a los valles»

«Si pretendes humillarme,
por tu variedad de cosas,
recuerda: ¡Soy tan hermosa!
no podrás abochornarme.
Mi verdor sabe adornarme,
¡que yo no tengo rival!
y si te parece mal
fíjate en esos palmares:
Como soldados pilares,
de firmeza colosal»

«Palma, tu tienes conmigo
una lucha que no quiero-
-Yo tampoco cocotero;
y quiero que seas mi amigo-
-Por mi parte yo bendigo
a quien ha hecho tanto bien.
Y nos puso en el Edén
para hermosear este suelo.
«Bendito el Señor del cielo,
Y de la tierra también!»

Así concluyó aquel día
la curiosa discusión,
de estas dos plantas que son
sinónimo de alegría.
En cada una hay poesía,
encanto, belleza, amor,
de su gran Diseñador
y Creador Universal
que exhibe su Arte Genial
como Magnifico Autor.

Origen de las lenguas.

Un tiempo después de Enoc
y del diluvio global,
apareció un criminal.
conocido por Nemrod.
Este hombre formó un complot
en desafío al creador,
como el primer dictador
político de este suelo
para aprender que en el cielo
hay un monarca mayor.

Este comenzó a erigir
una enorme construcción,
en abierta rebelión
para su propio regir.
Se propusieron vivir
en dependencia al lugar,
la llanura de Sinar,
pero Jehová descendió;
su lenguaje les cambió,
y estuvieron que parar.

Imagine la ocasión:
Un lenguaje en cada obrero.
Se formó un caos verdadero,
sin ninguna comprensión.
Se paró la construcción
de la torre, se marcharon.
Sus costumbres se llevaron,
que hasta hoy se ve practicar,
y entre lenguas y adorar,
la <u>confusión</u> nos legaron.

"Confusión" eso es "babel"
el nombre que recibió
la torre donde Dios vio
desafiado el nombre de él.
Y corroborando aquél,
un acto tan relevante,
dio testimonio brillante
la Arqueología con su intento
de demostrar el cimiento
de aquella obra espeluznante.

Nemrod se identificó
por su crasa rebeldía
y su afán de cacería
como Moisés explicó.
Esto lo calificó
como hombre de mala fe,
para sentencia que fue,
el pago de aquella cruenta
conducta, en muerte violenta
por un pariente de Noe.

De Adán hemos recibido
la muerte, la imperfección,
de Nemrod la confusión
por las lenguas que han surgido.
Barreras que han impedido
la paz entre mucha gente,
porque en cada continente
hay angustias, frustraciones,
y aumentan las emociones
negativas diariamente.

Sí, de Adán vino el pecado,
de Nemrod, la confusión,
de Cristo, la salvación
porque nos ha rescatado.
Del mundo entero ha sacado
un pueblo para el honor
del magnifico instructor,
que vienen como palomas,
divididos por idiomas
pero unidos en amor.

A Luís e Isabel

El matrimonio cristiano,
genuino, se me parece
al de palomas que empiece
a conocerse temprano.
Jamás ha sido tirano
el palomo desde antaño.
Ni se manifiesta huraño
con su dulce palomita,
trabajadora, mansita,
y se aman sin engaño.

Las águilas, también son
un ejemplo de unidad,
de amor y fidelidad,
de lealtad y devoción.
Son dignos de imitación
los ejemplos que nos dan.
Porque los hijos de Adán
no aprecian este contrato,
lo disfrutan por un rato
y estropeándolo se van.

Este mundo desleal,
de desacato y desprecio,
no tiene el mínimo aprecio
al pacto matrimonial.
En un concienzudo aval,
de su durabilidad,
se da poca seriedad
al acto constituido;
solo un mínimo ha cumplido
su responsabilidad.

En este mínimo quiero
mencionar una pareja
que con su ejemplo refleja
un apego verdadero,
a aquel contrato primero
que Dios hizo en el Edén,
para el éxito y el bien
de los que lo abrasarían
porque paz recibirían
sin manifestar desdén

Conozco a Luís escobar
desde que era jovencito,
muy callado, seriecito,
con una vida ejemplar.
Y de Isabel ¿Qué contar?
ejemplo de la bondad.
Ama la hospitalidad,
muy amable y generosa;
perfecto ejemplo de esposa
por su espiritualidad.

Treinta y tres aniversarios
acabaron de cumplir
y se les ve sonreír
sin el mínimo resabio.
Siempre tienen en sus labios
la sonrisa del amor.
Y cual jardín productor,
por ese amor que han sembrado,
dos rosas les han brotado,
rosas que son un primor.

Rebeca y Raisa se llaman
estas rosas que han brotado
de su jardín bien regado
por esas aguas que emanan
dcl río dc vida y quc sanan
de virus espirituales,
y hace que las cualidades
cristianas se desarrollen
para que unidos se apoyen
ante las adversidades

Una ves Luís Escobar
de secreto me contó
que Isabel lo enamoró
porque quería su lunar.
Me contó que un día al pasar
por delante de Isabel,
ésta le tiró un clavel
y le dijo: «Jovencito,
si me das tu lunarcito
te doy un besito en él»

Yo no se a cual de los dos
aceptarle su versión
porque Isa en otra ocasión
otra cosa me contó.
Que Escobar le suplico:
«por la vida, por el cielo,
por favor, dame un consuelo,
con tus ojitos deliro,
y cuando te veo suspiro.
preciosa, tu eres mi anhelo»

También me contó escobar
que cuando miraba a Isa,
por su mirada y sonrisa
no hacia más que suspirar.
Lo que lo pudo inspirar
para decirle con brío,
aunque con escalofrió,
esta espinela de amor,
a lo que escuchó un clamor:
«Luís, mi vida, tu eres mío»

«Eres la rosa bañada
con fresco y suave rocío
de amanecer en estío
a una mañana soleada.
Eres la flor diseñada
para hacer morir mi pena.
La bellísima azucena,
y la gloria de la orquídea
se dañaron por la envidia
a tu belleza tan plena»

Y desde entonces están
muy felices cada día,
llenos de paz y alegría
y por siempre se amarán.
Y nunca se olvidarán
de los momentos bonitos,
que conversaban juntitos
cuando Luís enamoraba,
mientras Isa obsesionada
pensaba en su lunarcito.

Pensándolo seriamente,
estos dos se conocían
y se manifestarían
amor recíprocamente.
¡Que gocen eternamente
su matrimonio ejemplar!
Y siga Luís Escobar
mirando a aquellos ojitos,
disfrutando los besitos
de Isabel en su lunar.

A los padres de los caídos en la Universidad de Virginia el 16 de abril del 2007

La huella del sufrimiento

Lunes Diez y seis de abril
del dos mil siete en virginia,
¡Es horrible! ¡Que ignominia!
¡Que atentado tan hostil!
Un plan macabro del vil
genio del resentimiento
que hizo vivir el momento
mas amargo de su historia
dejando en cada memoria
la huella del sufrimiento.

Treinta y tres vidas marcharon
a descansar al seol;
tan radiantes como el sol,
como velas se apagaron.
¡Oh, madres que se enlutaron
con pérdidas tan queridas!
Tan profundamente heridas
por un acto irreverente
que maquinó el indolente
enemigo de la vida.

Jóvenes que en su plantel
estudiaban con empeño
para realizar su sueño
de una vida a buen nivel.
Un acto feroz, tan cruel,
como tormenta barrió
sus sueños y allí dejó
ilusiones sepultadas
y cual madres enlutadas
la universidad quedó.

Madre de cada caído
sé que tienes que llorar
mucho para desahogar
un dolor tan desmedido.
Tu corazón está herido
pero estamos a tu lado.
Y hoy me siento consternado,
comprendiendo tu dolor
porque un hijo de tu amor
hoy te ha sido arrebatado.

Cada padre está sufriendo,
también la cruel despedida
con una profunda herida
allí en su pecho doliendo.
Soy padre, por lo que entiendo
su dolor y desconsuelo.
Pero hay un Dios en el cielo
que ha prometido vengar
la injusticia y levantar
a los muertos, ¡Que consuelo!

Sí, Dios los va a levantar
mediante resurrección
para seguir en acción
y su dolor va a sanar.
Se volverán a abrazar
olvidando aquel pasado,
oscuro, triste, manchado
por cosas aborrecibles
y crímenes tan horribles
como el que se ha ejecutado.

Los muertos están dormidos,
en la tierra o en el mar,
dependiendo del lugar
donde hayan sido acogidos.
Pero no han sido elegidos
a la gloria, o al infierno.
Porque el creador sempiterno
es amor y no tortura
Él a ninguna criatura
con algún castigo eterno.

A que usted no mataría
lentamente a un animal
con fuego por algún mal
que un día le ocasionaría
Creo que no presumiría
de un amor superlativo,
superando al compasivo
Creador que tanto tú amas
alegando que entre llamas
tortura a cada cautivo.

Los muertos no **S**aben nada,
ni pueden beneficiar
a nadie solo esperar
la resurrección deseada.
Ni hay un alma abandonada
en el espacio vagando,
ni un espíritu clamando
por luz en la oscuridad:
doctrinas de falsedad
que al mundo sigue engañando.

Si Adán desobedecía
la orden que se le dio,
bien claro se le advirtió,
que al polvo regresaría.
No se le dijo que iría
a sufrir algún tormento.
Pues en el mismo momento
de expirar iba a cesar
de de ver, de oír y de amar:
fin de todo pensamiento.

De modo que el sacrificio
por nuestros seres amados,
que se encuentran sepultados,
solo sería un desperdicio.
Como pagar el servicio
de una misa a su favor
no tendría ningún valor
porque él no se beneficia;
pero esperar la justicia
de Dios es mucho mejor.

Busquen el conocimiento
de la fuente del amor
y aliviarán el dolor
que les trajo aquel momento.
Al odio y al sufrimiento
le pondrá fin nuestro Dios.
Porque acabará con los
promotores de la guerra;
se los tragará la tierra
y dirán: «eterno adiós»

Volverán nuestros amados
para disfrutar la vida
cuando no vean una herida
ni los rostros enlutados.
Gradualmente renovados
hasta el límite preciso.
Mientras, damos el aviso,
hoy en cada continente,
para que escoja la gente
la muerte o el Paraíso.

El amor es medicina

Amor, antídoto eres
contra los males del alma.
Amor, tu me reconfortas;
me afirmas como a la palma.

Abundas como el espacio
que se halla donde quiera,
y muchos no te perciben
por su maligna ceguera.

Tú eres para la paz
instrumento imprescindible.
Sin ti no existe unidad
y el hombre se hace irascible.

Si faltas en el hogar
no puede haber armonía,
morirían las ilusiones
y la vida se haría fría.

Tu ausencia nos perjudica,
tan profundamente, amor,
como la ausencia de lluvia
hace que muera la flor.

Como suele la sequía
estorbar el crecimiento
de plantas, si no hay amor
se enfermará el sentimiento.

¡Cuántos millones de niños
que están carentes de ti
tienen una vida triste,
de humillación, infeliz!

Sus cuerpos quedan fruncidos,
no crecen completamente,
enfermos y resentidos
y afecciones en sus mente.

Tan torpes como iracundos,
rebeldes equivocados,
por no haber tenido amor,
y crecer abandonados.

Si no les dieron cariño,
su mundo será sombrío,
Pero de prejuicio y odio
llenarán ese vacío.

Hay que enseñarles, amor,
que tu eres la pura esencia
de la vida, de lo hermoso
y de la benevolencia.

Y que hay un pueblo que ama
en todo el globo esparcido,
compuesto de toda raza
y lenguaje, muy unido.

Que enseña gratuitamente
el camino del amor;
pueblo feliz; muy feliz,
porque no guarda rencor.

Que sepan que algunos fueron
como ellos, maltratados;
que su niñez era gris,
y hoy están regocijados.

Porque alguien los trajo aquí,
donde encontraron afectos,
amor, amigos y paz,
aunque somos imperfectos.

Encontraron esperanza,
seguridad y consuelo,
significado a su vida
y despejado su cielo.

Ahora ven que su futuro
lo ilumina la justicia,
el sol de la rectitud
que borrara la injusticia.

Que vengan ellos también
para viajar sin desliz
en la nave del amor
hacia un futuro feliz.

La lluvia.

Yo bajo a lo más profundo
donde nadie puede ir
y no me han visto subir
a lo muy alto del mundo.
Yo refresco al iracundo,
y reconforto al cansado.
Con mucho gusto he cuidado
a las delicadas ramas,
y peleo contra las llamas
que me las han lastimado.

Yo cuido el pasto, el arbusto,
y a todo árbol gigante,
cuido el ave, el elefante,
y lo hago con todo gusto.
Con ninguno me disgusto,
y todos me necesitan.
Cuando me alejo se agitan
suplicando mí presencia,
y al buscarme con vehemencia
sus corazones palpitan.

Yo deseo abastecer
a todos los almacenes
y cuidar de tantos bienes
que me asignan atender.
Pero alguien no supo hacer
las cosas que pretendía,
hiriendo a la ecología
en su mismo corazón
creando una desproporción
de la lluvia y la sequía.

Mensajero del amor.

Mensajero del amor,
como una mansa paloma,
al llano como a la loma
lleva el mensaje mejor.
Bálsamo para el dolor
que produce el desconsuelo.
A todo rincón del suelo
debe llegar sin tardanza
a compartir la esperanza
que recibimos del cielo.

El amor es clave en esto,
para mejorar la vida,
es la lámpara perdida
de un mundo oscuro y funesto.
Las tinieblas se han opuesto
pero triunfara el amor,
la necesidad mayor
que encara la humanidad;
el traerá felicidad,
en su máximo esplendor.

La mayoría de la gente
hoy vive desconsolada,
como en una encrucijada
que apareció de repente.
Y desea que se le oriente
hacia la senda del bien,
y se le enseñe también
la manera de agradar
a Dios y poder hallar
el camino hacia Edén.